# 乡村振兴战略与农村经济结构调整

郭　华　詹韵秋　卢　波　著

东北林业大学出版社
Northeast Forestry University Press

·哈尔滨·

**图书在版编目（CIP）数据**

乡村振兴战略与农村经济结构调整／郭华，詹韵秋，
卢波著. --哈尔滨：东北林业大学出版社，2024.7.

ISBN 978-7-5674-3645-9

Ⅰ. F32

中国国家版本馆 CIP 数据核字第 20245R06G1 号

责任编辑：李嘉欣

封面设计：豫燕川

出版发行：东北林业大学出版社

　　　　　（哈尔滨市香坊区哈平六道街 6 号　邮编：150040）

印　　装：唐山才智印刷有限公司

开　　本：787 mm×1092 mm　1/16

印　　张：15

字　　数：201 千字

版　　次：2024 年 7 月第 1 版

印　　次：2024 年 7 月第 1 次印刷

书　　号：ISBN 978-7-5674-3645-9

定　　价：60.00 元

如发现印装质量问题，请与出版社联系调换。（电话：0451－82113296　82191620）

# 前　言

　　乡村振兴，包括生态振兴、文明振兴、人才振兴和组织振兴等诸多方面，实施乡村振兴战略的总基调是在农村各个领域全面深化改革，包括农村基层社会治理体系的改革、农村集体产权制度的改革、农业农村供给侧结构性的改革等。通过深化改革，促进乡村振兴战略的实施，必将极大地改善农村公共品供给状况，补齐农村基础设施短板，促进农村生态文明建设和公共卫生事业发展，提升农村基层社会治理能力，进一步促进农村经济发展和农民收入增长，进而促进农村和农民消费，为国内市场的形成、扩大内需战略的落实做出贡献。随着我国经济的快速发展，农村经济发展受到了社会的高度关注，如何加快农村经济的发展进程成了社会关注的主要问题。

　　本书从乡村振兴战略概述介绍入手，针对乡村生态振兴、乡村文明振兴进行了分析研究，对构建乡村治理新体系、提升乡村产业发展质量做了一定的介绍，还对农村经济结构调整与影响因素、农村经济组织、农业产业转型与农村经济结构升级路径做了研究。本书重视知识结构的系统性和先进性。在撰写上突出以下特点：第一，内容丰富、详尽。第二，结构严谨，条理清晰，层次分明，重点突出，通俗易懂，具有较强的科学性、系统性和指导性。

　　本书在撰写过程中，参考和借鉴了有关书籍，吸收了同行专家的研究成果，在此，一并向他们表示衷心的感谢。

作　者

2024 年 5 月

# 目　录

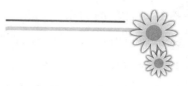

# 第一章 乡村振兴战略概述

## 第一节 乡村振兴战略的科学内涵及战略导向

### 一、乡村振兴战略的背景

本书从推动乡村产业振兴、人才振兴、文化振兴、生态振兴、组织振兴等方面，对如何实施乡村振兴战略做了更进一步的论述和分析，为各级党员干部贯彻落实这一重大战略提供了行动指南和基本遵循。

（一）乡村振兴战略提出的背景

自改革开放之后，"三农"一直是党和国家工作的重点。我国全面深化农村改革，农业农村发展取得了历史性成就。首先，我国改变了以往的农业生产方式，引进了先进的农业技术，在提高了农产品质量的同时增加了农产品的产量，并且培育出具有代表性的农产品，在整个世界上都享有盛誉；其次，我国改变以往单一的农产品结构，在农作物生产上，以农作物为主，以多样化的经济作物为辅，这一改变，也帮助农民提高自身收益；最后，在新农村建设方面我国也取得了很大的成就，国民更加注重精神文明建设，创建美丽乡村。

但是，受经济与观念两方面的影响，我国"三农"在实际发展过程中，还是存在一些问题的。首先，农业生产方式不超前，部分土地还没有得到合理的利用，农业与自然资源之间还存在矛盾，农产品的营销方式落后，农产品的运营机制也较为单一；其次，各个区域农村收入不平均，存在较大差异，农村老人与儿童较多，缺少青壮年；最后，农村陈旧观念仍然存在，阻碍了新农村建设的发展。

## (二) 乡村振兴战略的意义

### 1. 乡村振兴战略是新时代解决"三农"问题的根本思路

新时代所面临的矛盾就是，人们对于生活的需要与不平衡、不充分的发展之间的矛盾。这个问题影响着"三农"的发展，主要表现为：在城市发展时，乡村为其提供了更多支持，但是，乡村向城市化发展时，却遇到了重重阻碍，例如，现阶段的乡村老年人与孩子居多，青壮年更趋向城市发展；新时代农业与以往有很大不同，现在讲究规模化、企业化，但是这些要求还没有全面普及到乡村，大部分地区还是沿用以往的农业发展方式，仍然是个体承包，并且农产品较为单一；新时代的农民，追求的不只是物质生活的提高，更需要在精神文明、生态环境上全方面得以提升。以上这些要求也为解决"三农"所面临的问题提供了思路。

### 2. 乡村振兴战略是"三农"思想的自我完善与补充

"三农"思想是继承和吸收传统、先驱以及历届领导思想总结而来的，为中国的"三农"事业发展指引了正确的方向，并且针对新时代到来产生的矛盾，做出了思想补充，完善了以往的生产体系，用产业兴旺、生态宜居、治理有效代替以往的生产发展、村容整洁、管理民主。近年来我国更加注重农业生产体系，并且更加关注农村的环境，加强对生态环境的保护，并且在农村治理方面也做出了改进；以往全部由政府进行的乡村管理，现在实行多样化治理，让人民群众参与其中，有效地降低政府的管理压力，并且可以通过群众与政府一起治理，从中探索出更完善的治理方法。

## 二、乡村振兴战略的内涵

### （一）城乡统筹、城乡一体化和城乡融合发展是递进的关系

城乡统筹、城乡一体化和城乡融合发展是递进的关系，它们代表了城乡发展的不同阶段和不同层次的目标。

首先，城乡统筹是指在城乡发展中，注重统筹城市和农村的发展，协调城乡之间的各项政策和资源配置。通过统筹规划、协调发展、优化资源配置等手段，促进城乡经济社会协调发展，缩小城乡差距，实现共同繁荣。

其次，城乡一体化是指将城市和农村视为一个整体，打破城乡二元结构，促进城乡要素的流动和交流。在城乡一体化发展中，强调城市和农村的相互依存和相互支持，推动城市功能向农村延伸，农村资源向城市流动，实现城乡一体化发展。

最后，城乡融合发展是指城市和农村在经济、社会和文化等方面的融合，实现城乡之间的无缝连接和相互渗透。在城乡融合发展中，城市和农村不再是两个孤立的领域，而是相互渗透、相互融合的整体，形成更加有机的发展模式和空间格局。

可以看出，城乡统筹是城乡发展的基础，城乡一体化是城乡统筹的深化和拓展，而城乡融合发展则是城乡一体化的更高层次和更深层次的目标。这三者之间存在着内在的递进关系，不断推进城乡统筹、城乡一体化和城乡融合发展，可以促进城乡协调发展，实现全面建设社会主义现代化国家的目标。

### （二）城乡融合必然要求振兴乡村

城乡融合发展的一个重要目标就是实现乡村振兴。乡村振兴是指通过一系列措施和政策，促进农村经济发展、改善农民生活水平、推动农村社会进步，实现城乡发展的良性互动和共同繁荣。

城乡融合发展要求振兴乡村的主要原因包括：

第一，优化资源配置。城乡融合可以实现城市和农村资源的优化配

置，使农村得到更多的发展机会和资源支持，推动乡村经济的振兴。

第二，促进农业发展。乡村是农业的重要基础，乡村振兴可以加强农业生产、提高农产品质量和效益，推动农业现代化进程。

第三，改善农民生活条件。乡村振兴旨在改善农民的生活条件，提供更好的教育、医疗、养老等基础公共服务，提高农民的生活质量和幸福感。

第四，促进农村就业创业。乡村振兴可以鼓励农民就地就业、创业，提供多样化的就业机会，减少农民外出打工的需求，促进农村人口的稳定和流动。

第五，保护生态环境。乡村是重要的生态环境保护区，乡村振兴可以加强农村环境保护和生态修复，推动可持续发展。

因此，城乡融合的过程必然要求振兴乡村，实现农村经济的发展和农民生活水平的提升。乡村振兴是城乡融合发展的重要目标和关键任务，也是实现全面建设社会主义现代化国家的重要方面。

## （三）对乡村振兴战略目标的认识

乡村振兴战略旨在乡村繁荣兴盛，但这种繁荣兴盛包括经济、社会、文化、政治、生态的全面发展，这就对乡村振兴战略的目标提出了全方位的要求。从乡村的发展实际来看，经过城乡一体化、新农村建设等前期发展，乡村落后的发展面貌得到基本改变，为乡村振兴发展奠定了一定基础。但产业发展缺少体系支撑、生态污染未得到有效控制、乡风文明被解构、基层组织治理低效、城乡收入差距依然较大、农村居民收入不高、整体生活质量还处于较低水平等问题有待进一步解决。只有大力发展乡村，消除乡村建设短板，才能达成全面建设社会主义现代化强国的目标。而乡村振兴战略是一个需要长期努力，并一以贯之、持续推进的国家战略。为了国家的持续健康发展，城市、农村"两条腿"必须同步迈进，城市长腿迈步、农村短腿拖滞始终不利于长远发展。因此，在当前城乡经济发展严重失衡的情况下，亟须发展农村、建设农村，实现乡村全面兴盛。

首先，乡村振兴要实现制度目标，建立健全城乡融合发展体制机制和政策体系，加快推进乡村治理体系和治理能力现代化；其次，要实现建设目标，通过农业农村现代化建设，让农业成为有奔头的产业，农民成为有吸引力的职业，农村成为安居乐业的美丽家园；最后，乡村振兴要将人民对美好生活的向往作为落脚点，提升农民获得感、幸福感、满足感，最终达到农业强、农村美、农民富的全面振兴目标。从长远来看，乡村发展与实现中华民族伟大复兴的中国梦紧密相连，没有乡村全面振兴的中国梦是不完整的中国梦，也是不可能实现的中国梦，通过乡村发展推动全国整体发展，使中国发展水平迈向更高台阶，实现全民共同富裕，提升国家竞争力，是实施乡村振兴战略的根本目标。

### （四）产业兴旺要以农业为中心拓展多种产业

乡村振兴的基础是产业兴旺。21世纪以来，我国粮食等主要农产品产量连年增加（少数年份除外），加上适当进口，完全能够满足人民的生活需求，但在质量和安全上，在产业延伸上，在休闲、娱乐等方面还远远不能满足城乡消费者的需求。因此，实现乡村振兴战略的总要求中的"产业兴旺"，首先，要做强农业，提高中国农业竞争力；其次，充分挖掘农业多功能性，围绕农业发展关联产业；再次，延长农业产业链，以农业为中心发展农产品加工业；最后，发展农业农村服务产业，包括生产服务、生活服务、环保服务等。

### 1. 做强农业，提高中国农业竞争力

毋庸置疑，中国是一个农业大国，稻谷、小麦、肉类、蛋类、水果等农产品的生产量均居全球第一位。但自加入世界贸易组织、全面参与国际市场竞争以来，中国主要农产品进口量连年增加。实施乡村振兴战略，首先要振兴农业，实现农业由大到强的转变。这就要求按照相关工作会议的精神，大力构建现代农业产业体系、生产体系、经营体系，通过新主体、新产业、新业态的发展提升农业素质；加快推进农业由增产导向向提质导向转变，加快推进农业转型升级，坚持质量第一，推进质量兴农、品牌强农，大力推进农业标准化，坚持效益优先，促进农业竞

争力提升和农民收入增长；坚持绿色发展理念，不断提高农业可持续发展水平，持续推进农业投入品减量，加快推进农业废弃物资源化利用，加强农业资源养护；创新完善农业支持保护制度，实现农业补贴政策由"黄"向"绿"的转变。

## 2. 充分挖掘农业多功能性

农业不仅具有食品保障功能，而且具有原料供给、就业增收、生态保护、观光休闲、文化传承等功能。建设现代农业，必须注重开发农业的多种功能，向农业的广度和深度进军，促进农业结构不断优化升级。从现实看，挖掘农业的多功能性，主要从三个方面下功夫：一是打造良好的生态环境，使广大农村地区青山绿水相依、环境宜人，把农田变成四季有景观的马赛克图案，城市与农村遥相呼应，城市为农村提供发展的动力，农村为城市提供新鲜空气并过滤杂质，即城市的"肺"和"肾"，真正实现城乡融合。二是彰显文化教育功能。中华民族的传统文化都来自农耕文明，如传统节日、二十四节气等都与农耕传统密切相关，要充分挖掘文化与农耕、农业之间的关联性，对青少年进行教育，这是文化自信的重要方面。三是休闲观光。有了优美的生态环境和田园风光，加上文化教育功能的彰显，久居城市的人们到农村休闲观光就会成为常态，未来的旅游不再是看文物、看景点，而主要是休闲娱乐，或者把看文物、看景点和休闲娱乐结合在一起。到农村休闲娱乐的城市人多了，城市的资金、物质、人才就会流向农村，农产品就不仅仅可供食用，还可以观赏、体验、收藏，农业的价值、农民的收入就会大幅度提高。

## 3. 延长农业产业链，发展农产品加工业，促进农村一二三产业融合发展

农业产业链是指农业产前、产中、产后各个部门之间的技术经济联系。农业产业链的上游（产前部门），即农业生产资料的生产和销售部门，包括种子、化肥、农药、农业机械等产品的生产和销售；中游（产中部门），即种植和养殖部门，包括种植业、畜牧业、渔业等部门；下

游（产后部门），即农产品加工部门，包括农产品仓储、运输、加工、贸易等。延长农业产业链，使农产品增值，在分配制度合理的前提下，农民就能够从中获取更多的收益。一般来说，延长农业产业链，主要指农产品生产出来以后产业链的延长，实践中主要有发展农产品加工业和一二三产业融合发展两大策略。

### 4. 大力发展农业农村服务产业

农业农村服务产业，包括为农业服务和为农村服务两大部分。前者又被称为农业社会化服务业，是近年来逐渐兴起的新兴产业，潜力巨大。目前，全国经营性专业服务组织超过100万个，巨大的"蛋糕"正吸引着来自各行各业的投资者，未来会成为支撑中国乡村振兴的支柱产业之一。从当前来看，农村服务业主要包括物资供应、生产服务、技术服务、信息服务、金融服务、保险服务以及农产品运输、加工、储藏、销售等各个方面。随着生活水平的提高和老龄化的加剧，广大农民对生活服务的需求越来越大，尤其是随着医疗条件的改善，环境优美的农村逐渐会成为不少城市老人养老的目的地。因此，农村生活服务业必然会成为一个内涵丰富、利润潜力无限的产业。

## 三、乡村振兴战略的实施

### （一）实施乡村振兴战略的四大关键点

乡村振兴战略的产业兴旺、生态宜居、乡风文明、治理有效、生活富裕具有同等重要地位，任何一项要求都不可偏废。总体而言，解决以下四大问题是至关重要的。

### 1. 进一步推进城乡公共服务均等化

自社会主义新农村建设实施以来，农村公共服务供给取得了明显进展，围绕"标准化、均等化、法治化"，尽快建立国家基本公共服务清单，列出哪些服务应该由政府供给、哪些应该由市场供给，分清政府和市场的职责，促进城乡基本公共服务项目和标准的有机衔接。要借鉴国外经验，推动多元化供给方式，广泛吸引社会资本参与，引入竞争机制，推行特许经营、定向委托、战略合作、竞争性评审等方式。对于一些具有一定盈利性的公共服务项目，建议采取政府和社会资本合作模式，政府用少量资金以补贴的方式推动项目的开展，由企业负责运行，减轻政府的财政压力，确保公共服务项目的可持续性。公共服务均衡化，财政实力很重要，但关键在于政府的施政理念。

## 2. 强化农村金融支持政策

产业兴旺的外在表现形式就是各类经营主体大发展，这就需要强有力的金融政策支持。首先，正规金融机构要加大对农业产业化、农村中小企业的支持力度，有针对性地支持一批竞争能力强、带动农户面广、经济效益好的龙头企业和较大型农民专业合作社，稳步增加贷款投放规模，不断创新金融产品和服务，强化对"三农"和县域小微企业的服务能力。其次，支持符合条件的农民专业合作社从事信用合作。在管理民主、运行规范、带动力强的农民合作社和供销合作社基础上，培育发展农村合作金融，不断丰富农村地区金融机构类型。坚持社员制、封闭性原则，不对外吸储放贷、不支付固定回报，推动社区性农村资金互助组织发展。在目前相关法律法规不健全的情况下，要不断完善地方农村金融管理体制，加强对农村合作金融的监管，有效防范金融风险。再次，加大对农业保险产品的供给。农业农村产业风险大、利润薄，必须有一个完善的保险体系承担托底功能。政策性保险机构、商业保险机构要改革当前的保险制度，提供更多的保险产品，满足农业农村产业发展的需要。

## 3. 继续向改革要红利

改革是乡村振兴、产业兴旺的最重要推动力。首先，稳步推进农村集体产权制度改革，重点在于清产核资、量化到人和有序推进经营性资产股份合作制改革，要通过产权制度改革激发农业农村各类经营主体的活力和创造性。其次，继续推进农村土地所有权、承包权、经营权分置（"三权分置"）改革，这是农业农村现代化的基础，也是农业农村产业兴旺的基础。完善"三权分置"法律法规，确保"三权分置"有序实施。再次，探索宅基地所有权、资格权、使用权"三权分置"，落实宅基地集体所有权，保障宅基地农户资格权和农民房屋财产权，适度放活宅基地和农民房屋使用权。最后，稳步推进农业支持政策改革。按照"黄改绿"的思路，逐步推进农机购置补贴政策、棉花大豆等农产品的目标价格政策改革，把握时机推进小麦、稻谷的最低收购价格改革，通过改革提高主要农产品市场竞争力，提高农业农村自我发展、自我积累能力，为实现乡村振兴、产业兴旺打下坚实的基础。

**4. 有效解决乡村振兴的人才和资金短缺问题**

乡村振兴包括乡村治理和产业发展两大方面，都需要人才和资金支撑，而当今农村最短缺的就是这两大要素。要借鉴发达国家的经验，全面建立职业农民制度，实施新型职业农民培育工程，加强农村专业人才队伍建设，建立有效激励机制，以乡情乡愁为纽带，吸引支持企业家、党政干部、专家学者、医生教师、规划师、建筑师、律师、技能人才等投身于乡村振兴事业。要确保财政投入持续增长，利用财政资金"四两拨千斤"的作用，引导社会资本投资于乡村振兴领域。进一步推进金融制度改革，把更多金融资源配置到农村经济社会发展的重点领域和薄弱环节，更好地满足乡村振兴多样化金融需求。坚持社员制、封闭性原则，不对外吸储放贷、不支付固定回报，推动社区性农村资金互助组织发展。

**（二）"五个振兴"与乡村振兴战略的路径**

"五个振兴"是习近平总书记为乡村振兴战略指明的五个具体路径，即"乡村产业振兴、人才振兴、文化振兴、生态振兴、组织振兴"。五个方面构成一个整体，是实施乡村振兴战略的路径和主攻方向。

具体来说，产业振兴就是发展农业农村的各项产业，包括做大做强农业产业，满足人民日益增长的对农业农村美好生活的需要，农产品及其延伸的功能性产品要越来越丰富，质量和安全性也要进一步提高，要强化质量兴农，走绿色发展之路；农产品加工业的发展水平较低，与发达国家还有较大的差距，要制定有效政策推进农产品加工业发展，并使农民在发展的过程中获得相应的利益；加快农村一二三产业融合发展的步伐，推进农业的二产化、三产化，提高农业产业的整体盈利水平；统筹兼顾培育新型农业经营主体和扶持小农户，采取有针对性的措施，促进小农户和现代农业发展有机衔接。

人才振兴就是要开发乡村人力资本，畅通智力、技术、管理下乡通道，造就更多乡土人才；全面建立职业农民制度，完善配套政策体系，大力培育新型职业农民；创新人才培养模式，扶持培养一批农业职业经理人、经纪人、乡村工匠、文化能人、非物质文化遗产传承人等；发挥科技人才支撑作用，建立有效激励机制，以乡情乡愁为纽带，吸引支持企业家、党政干部、专家学者、医生教师、规划师、建筑师、律师、技能人才等投身乡村建设。

文化振兴就是要加强农村思想道德建设，传承发展提升农村优秀传统文化，加强农村公共文化建设，广泛开展移风易俗行动。

生态振兴就是要建设一个生态宜居的美丽乡村，实现百姓富和生态美的统一。要统筹乡村山水林田湖草系统治理；加强农业面源污染等农村突出环境问题的综合治理，开展农业绿色发展行动；正确处理开发与保护的关系，将乡村生态优势转化为发展生态经济的优势，提供更多更好的绿色生态产品和服务，促进生态和经济良性循环。

组织振兴就是要充分发挥农村党支部的核心领导作用和村委会的组织协调作用，通过发展农民专业合作社等合作经济组织团结农民、服务农民，鼓励兴办农村老年人协会、婚丧嫁娶协会等民间组织，引导广大农民移风易俗、爱家爱村爱国，实现经济发展和社会和谐的高度统一。

## （三）村"两委"是实施乡村振兴战略的关键

乡村振兴的落脚点在乡村，村"两委"（中国共产党支部委员会和村民自治委员会）是实施这一战略的关键，因此要充分发挥村"两委"的作用。在新时代，村"两委"的工作重点，就是要实施乡村振兴战略"产业兴旺、生态宜居、乡风文明、治理有效、生活富裕"的总要求，把农村工作做好。

首先，要开展乡村文明建设，实现乡村有效治理。在新的历史时期，要重新找回传统文化中精华的东西，在现代村民自治加法治的框架内植入中国传统文化的德治的内容，实现"自治、法治、德治"有机结合，用中国传统文化中"德"这一要素来沁润、感化、引导村民，使其自觉遵纪守法，不断提高村民自治水平，这是实现农业农村现代化和乡村振兴战略的先决条件。乡村治理中实施"三治"相结合，党员干部必须带头孝敬老人，遵纪守法，团结友爱，树立新风尚、新气象；对于村中出现的好人好事要及时予以表彰。

其次，要按照中央的部署，抓紧开展农村集体产权制度改革。从试点村来看，这项工作对村集体经济收入和经济发展起到了十分明显的推动作用。村"两委"的同志要按照要求，积极推进集体产权制度改革，并在改革中找到进一步发展农村集体经济的途径。尤其是对于那些集体经济家底比较薄弱的村，要充分挖掘现有资源、资金、资产的潜力，该入股的入股，该变现的变现，该出租的出租，通过各种途径增加集体收入，提升村"两委"为人民服务的能力。

再次，大力发展农民专业合作社。培育新型农业经营主体，健全农业社会化服务体系，实现小农户和现代农业发展有机衔接。其中，农民专业合作社是最重要的经营主体，并且在整个农业经营体系中居于中坚环节。实践证明，无论是新办还是加入合作社，村"两委"的带头示范都会发挥意想不到的作用。对于已有合作社的村，可以尝试用集体资产（如房屋、设备等）和资源（如仍由集体统一经营的水面、池塘、果园、荒山、荒坡等）入股，一方面有利于合作社的经营活动，另一方面也可以为农村集体获取一部分收益。此外，村"两委"还要指导合作社的规范发展，即按照修改后的《中华人民共和国农民专业合作社法》的要求，定期召开成员大会或成员代表大会，在决策中贯彻以基本表决权为主、附加表决权为辅的原则，在盈余分配中贯彻以按交易量（额）分配为主的原则。实践证明，只有规范的合作社才能调动广大成员的积极性，确保可持续发展。

我国农村自古以来就是精英治理，村"两委"是当下我国农村中的精英分子的代表，只要他们切实肩负起党和时代赋予的重任，不畏艰辛，砥砺前行，必将迎来中国农村现代化的美好明天。

# 第二节  乡村振兴战略规划基础理论

乡村振兴战略规划是基础和关键，其作用是为实施乡村振兴战略提供重要保障。编制乡村振兴战略规划应把握五个方面的重点。

## 一、乡村振兴战略规划的作用与功能

### (一) 乡村振兴战略规划的作用

#### 1. 为实施乡村振兴战略提供重要保障

制定乡村振兴战略规划，明确总体思路、发展布局、目标任务、政策措施，有利于发挥集中力量办大事的社会主义制度优势；有利于凝心聚力，统一思想，形成工作合力；有利于合理引导社会共识，广泛调动各方面积极性和创造性。

#### 2. 是实施乡村振兴战略的基础和关键

实施乡村振兴战略要实行中央统筹、省负总责、市县抓落实的工作机制。编制一个立足全局、切合实际、科学合理的乡村振兴战略规划，有助于充分发挥融合城乡的凝聚功能，统筹合理布局城乡生产、生活、生态空间，切实构筑城乡要素双向流动的体制机制，培育发展动能，实现农业农村高质量发展。制定出台乡村振兴战略规划，既是实施乡村振兴战略的基础和关键，又是有力有效的工作抓手。

#### 3. 有助于整合和统领各专项规划

乡村振兴涉及产业发展、生态保护、乡村治理、文化建设、人才培养等诸多方面，相关领域或行业都有相应的发展思路和目标任务，有的已经编制了专项规划，但难免出现内容交叉、不相协调等问题。通过编制乡村振兴规划，在有效集成各专项和行业规划的基础上，对乡村振兴的目标、任务、措施做出总体安排，有助于统领各专项规划的实施，切实形成城乡融合、区域一体、多规合一的规划体系。

4．有助于优化空间布局，促进生产、生活、生态协调发展

长期以来，我国农业综合生产能力不断提升，为保供给、促民生、稳增长做出重要贡献，但在高速发展的同时，农业农村生产、生活、生态不相协调的问题日益突出，制约了农业高质量发展。通过编制乡村振兴规划，全面统筹农业农村空间结构，优化农业生产布局，有利于推动形成与资源环境承载力相匹配、与村镇居住相适宜、与生态环境相协调的农业发展格局。

5．有助于分类推进村庄建设

随着农业农村经济的不断发展，村庄建设、农民建房持续升温，农民的居住条件明显改善，但千村一面现象仍然突出。通过编制乡村振兴规划，科学把握各地地域特色、民俗风情、文化传承和历史脉络，有利于保护乡村的多样性、差异性，打造各具特色、不同风格的美丽乡村，从整体上提高村庄建设质量和水平。

6．有助于推动资源要素合理流动

通过编制乡村振兴规划，贯彻城乡融合发展要求，抓住钱、地、人等关键要素，谋划有效举措，打破城乡二元体制壁垒，促进资源要素在城乡间合理流动、平等交换，有利于改善农业农村发展条件，加快补齐发展"短板"。

（二）乡村振兴战略规划的功能

乡村在其成长过程中，始终沿着两个维度发展，一个维度是适应乡村生产，另一个维度是方便乡村生活。在此基础上衍生出乡村的诸如生产价值、生活价值、生态价值、社会价值、文化价值等，维系着乡村的和谐与可持续发展。乡村振兴不是要另起炉灶建设一个新村，而是要在尊重乡村固有价值基础上使传统的乡村价值得到提升。乡村振兴战略的目标，无论是产业兴旺、生态宜居，还是乡风文明、治理有效、生活富裕，只有在遵循乡村价值的基础上才能获得事半功倍的效果。因此，发

现和科学认识乡村价值是乡村振兴战略规划的前提。

## 1. 生产与经济价值功能

一方面，乡村为耕地保护、土地综合利用、精耕细作提供了条件；另一方面，乡村通过发展种植业、养殖业，为农民生产与生活能量循环提供保障。正是有乡村的存在，才有循环农业文化的传承和发展。乡村也为庭院经济、乡村手工业得以存在和发展提供了空间。村落形态与格局、田园景观、乡村文化与村民生活连同乡村环境一起构成重要的乡村产业资源。近些年，乡村旅游、特色农业的发展，既验证了绿水青山就是金山银山的理念，也充分体现了乡村的存在是产业兴旺和农民生活富裕的基础。产业兴旺一定是多业并举，种植业、养殖业、手工业和乡村休闲旅游业等都只有在乡村这个平台上才能满足人们对美好生活的需求，实现真正的产业融合。

## 2. 生态与生活价值功能

乡村作为完整的复合生态系统，以村落地域为空间载体，将村落的自然环境、经济环境和社会环境通过物质循环、能量流动和信息传递等机制，综合作用于农民的生产生活。乡村的生态价值不仅在于乡村坐落于青山绿水之间的怡人村落环境，更主要体现在乡村内部所具有的生态文明系统；自给性消费方式减少了人们对市场的依赖，因农民需要而维系了生物多样性；与大自然节拍相吻合的慢生活节奏，被认为是有利于身心健康的生活方式；低碳的生活传统，种养结合，生产与生活循环体系等，构成了乡村独特的生态系统和生态文化，凸显着劳动人民充分利用乡村资源的生存智慧。乡村的宜居环境不仅包括村落环境、完善的基础设施和舒适的民宅建设，还包括了和谐的邻里关系与群体闲暇活动为人们带来了精神的愉悦；正因如此，乡村被认为是理想的养生、养老、养心社区。

## 3. 文化与教化价值功能

文化与教化价值是乡村治理和乡风文明的重要载体。中国乡村文化不仅表现在山水风情自成一体，特色院落、村落、田园相得益彰，更重要地表现在乡村所具有的信仰、道德，所保存的习俗和所形成的品格。特别是诸如耕作制度、农耕习俗、节日时令、地方知识和生活习惯等活态的农业文化，无不体现着人与自然和谐发展的生存智慧，在食品保障、原料供给、就业增收、生态保护、观光休闲、文化传承、科学研究等方面均具有重要价值。同时，必须认识到尊老爱幼、守望相助、诚实守信、邻里和睦等优秀传统是乡风文明建设和乡村有效治理的重要文化资源。农事活动、熟人交往、节日庆典、民俗习惯、地方经验、民间传统、村落舆论、村规民约、示范与模仿等，都是维系村落价值系统的重要载体，不断强化着人们的行为规范，而且是以润物无声的形式深入人们的内心世界，内化为行为准则。

乡村振兴战略规划若缺乏对乡村特点和价值体系的认识，其结果自然是难以适应农民的生产与生活，更谈不上传承优秀传统文化。因此，乡村振兴规划要以乡村价值系统为基础，善于发现乡村价值，探索提升乡村价值的途径。乡村价值的提升一方面可以通过乡村价值放大来实现，如发展地方特色种植业、养殖业和手工业，这种产业具有鲜明的地域特色，不可复制和替代，凸显其地方特色与品牌价值，也可以通过农业和乡村功能的扩展，实现其经济价值；另一方面赋予乡村体系以新的价值和功能，如发展文旅农融合产业，把乡村生态、生活、教育等价值转变成财富资源，发展乡村休闲、观光、体验等新兴产业。乡村振兴欢迎外来力量的介入，外来人可以帮助乡村发现其特有价值，并利用乡村价值为乡村造福。外来资金可以帮助乡村做想做而做不成的事情，为乡村注入新的活力。只有在充分尊重农民主体地位和乡村价值体系的基础上，乡村振兴的各项目标才能实现。

## 二、编制乡村振兴战略规划应把握的重点

### （一）发挥国家规划的战略导向作用

在乡村振兴规划的编制和实施过程中，要结合增进同新型城镇化规划的协调性，更好地引领和推进乡村振兴与新型城镇化"双轮驱动"，

更好地建设彰显优势、协调联动的城乡区域发展体系，为建设现代化经济体系提供扎实支撑。

特别需要注意的是，各部门和地区在编制乡村振兴战略规划时，必须高度重视以国家和省级主体功能区规划作为基本依据。各部门和地区编制的乡村振兴战略规划要以主体功能区规划和相关战略、制度为基本遵循，遵守其划定的"三区三线"（城镇、农业、生态空间，生态保护红线、永久基本农田、城镇开发边界），统筹城乡国土空间开发格局，将强化空间用途管制和优化城乡布局结构、乡村功能布局结构结合起来，统筹城乡生产空间、生活空间、生态空间，优化乡村生产空间、生活空间、生态空间布局及其内在关联，促进生产空间集约高效，实现生活空间宜居适度，实现生态空间山清水秀。

## （二）提升规划的战略思维

在编制乡村振兴规划的过程中，要特别注意体现其战略性，做好突出战略思维的大文章。当然，有人说，举凡规划，谋划的必然是战略问题。本文无意否认这一点，只是强调乡村振兴战略规划以"战略规划"冠名，应该更加重视战略思维。

重视战略思维，首先要注意规划的编制和实施过程更多的是要追求创新、突破和超越，要科学把握"面向未来、吸收外来、扬弃以来"的关系，增强规划的前瞻性。

战略需要大思维、大格局、大架构，战略制定者需要辩证思维、远景眼光。当然此处的"大"是看得见、摸得着，经过不懈努力最终能够实现。真正的战略是逆向思维，从未来的终局看当前的布局，从未来推导现在，根据未来的战略方向决定当前如何行动。好的规划应该富有这种战略思维。因此，好的战略规划应该具备激发实施者、利益相关者信心的能力，能够唤醒其为实现战略或规划目标努力奋斗的"激情"和"热情"。好的战略规划，往往基于未来目标和当前、未来资源支撑能力的差距，看挖潜改造的方向，看如何摆脱资源、要素的制约，通过切实有效地战略思路、战略行动和实施步骤，不断弥合当前可能和未来目标的差距。借此，拓展思维空间，激活发展动能，挖掘发展潜力。战略就是要摆脱现有资源的限制，远大的战略抱负一定是与现有的资源和能力不对称的。战略就是要唤起水手们对辽阔大海的渴望，战略意图能为企业带来情感和理性上的双重能量。用这些战略思维编制乡村振兴战略规划，实施乡村振兴战略才更有价值。

好的战略意图要给人带来方向感、探索感和共同的命运感。方向感很容易理解，但从以往的实践来看，有些地方规划的战略思维不够，难以体现战略性要求。要通过提升规划的战略思维，描绘出未来规划发展的蓝图和目标，告诉人们规划的未来是什么，人们想要努力实现的规划图景如何？为了实现这种规划图景，今天和明天应该怎么做？鉴于规划的未来和当前的现实之间可能存在巨大的资源、要素和能力缺口，应该让规划的实施者想方设法去努力实现这些规划的未来目标，形成探索感。如果把规划的未来目标比作吃到树上可口的苹果，那么这个苹果不是伸手可及的，应是经过艰苦、卓越的努力才能吃到的。那么，怎么努力？是站在板凳上去摘，还是跳着去摘？要通过博采众智、集思广益，创新规划实施手段去实现这种努力。探索感就是要唤起参与者、组织者的创新创业精神和发展潜能，发现问题，迎难而上，创造性解决问题；甚至在探索解决问题的过程中，增强创造性地解决问题的能力。共同的命运感就是要争取参与者和组织者成为命运共同体，形成共情效应，努力产生"风雨同舟，上下齐心"的共鸣。如在编制和实施乡村振兴战略的过程中，要注意在不同利益相关者之间形成有效的利益联结机制，激励大家合力推进乡村振兴，让广大农民和其他参与者在共商共建过程中有更多的获得感，实现共享共赢发展。

重视规划的战略思维，要在规划的编制和实施过程中，统筹处理"尽力而为"与"量力而行"、增强信心与保持耐心的关系，协调处理规划制定、实施紧迫性与循序渐进的关系。

重视规划的战略思维，还要注意增强乡村振兴规划的开放性和包容性。增强规划的开放性，要注意提升由外及内的规划视角，综合考虑外部环境变化、区域或城乡之间竞争—合作关系演变、新的科技革命和产业革命，甚至交通路网、信息网发展和转型升级对本地区本部门实施乡村振兴战略的影响。增强规划的包容性，不仅要注意对不同利益相关者的包容，注意调动一切积极因素参与乡村振兴；还要注意区域之间、城乡之间发展的包容，积极引导部门之间、区域之间、城乡之间加强乡村振兴的合作。如在推进乡村产业兴旺的过程中，引导区域之间联合打造区域品牌，合作打造公共服务平台、培育产业联盟等。实际上，增强乡村振兴规划的开放性和包容性，也有利于推进乡村产业振兴、人才振兴、文化振兴、生态振兴和组织振兴"一起上"，更好地坚持乡村全面振兴，增进乡村振兴的协同性、关联性和整体性，统筹提升乡村的多种功能和价值。要注意在开放、包容中，培育乡村振兴的区域特色和竞争优势。

### （三）丰富网络经济视角

当今世界，随着全球化、信息化的深入推进，网络经济的影响日益深化和普遍化。根据梅特卡夫法则，网络的价值量与网络节点数的平方成正比。换句话说，如果网络中的节点数以算术级速度增长，网络的价值量就会以指数级速度增长。与此相关的是，新网络用户的加入往往导致所有用户的价值都会迅速提升；网络用户的增多，会导致网络价值的总量迅速膨胀，并进一步带来更多新的用户，产生正向反馈循环。网络会鼓励成功者取得更大的成功。这就是网络经济学中的"回报递增"。如果说传统社会更关注对有形空间的占有和使用效率，那么，网络社会更关注价值节点的分布和链接，在这里"关系甚至比技术质量更重要"。按照网络经济思维，要注意把最合适的东西送到最合适的人手中，促进社会资源精准匹配。

随着交通路网特别是高铁网、航空网和信息网络基础设施的发展，在实施乡村振兴战略的过程中，如何利用网络效应、培育网络效应的问题迅速凸显出来。任何网络都有节点和链接线两类要素，网络功能是二者有机结合、综合作用的结果。在实施乡村振兴战略的过程中，粮食生产功能区、重要农产品生产保护区、特色农产品优势区、农村产业融合示范园、中心村、中心镇等载体和平台都可以看作是推进乡村振兴的网络节点，交通路网基础设施、信息网络基础设施都可以看作是推进乡村振兴的链接线；也可以把各类新型经营主体、各类社会组织视作推进乡村振兴的网络节点，把面向新型经营主体或各类社会组织的服务体系看作链接线；把产业兴旺、生态宜居、乡风文明、治理有效、生活富裕五大维度，或乡村产业振兴、人才振兴、文化振兴、生态振兴、组织振兴五大振兴作为推进乡村振兴的网络节点，把推进乡村振兴的体制机制、政策环境或运行生态建设作为链接线，这也是一种分析视角。在实施乡村振兴战略的过程中，部分关键性节点或链接线建设，对于推进乡村振兴的高质量发展，可能起到画龙点睛的作用。在编制乡村振兴战略规划的过程中需要高度重视这一点。

如果推进乡村振兴的不同节点之间呈现互补关系，那么，推进乡村振兴的重大节点项目建设或工程、行动，在未形成网络效应前，部分项目、工程、行动的单项直接效益可能不高；但待网络轮廓初显后，就可能在这些项目或工程、行动之间形成日趋紧密、不断增强的资源、要素、市场或环境联系，达到互为生态、相互烘托、互促共升的效果，产生日益重大的经济、社会、生态、文化价值，带动乡村功能价值的迅速提升。甚至在此背景下，对少数关键性节点或链接线建设的投资或支持，其重点也应从追求项目价值最大化转向追求网络价值最大化。当然，如果推进乡村振兴的不同节点或链接线之间呈现互斥关系，则部分关键性节点或链接线建设的影响，可能正好相反，要防止其导致乡村价值的迅速贬值。

在乡村振兴规划的编制和实施过程中，培育网络经济视角，对于完善乡村振兴的规划布局，更好地发挥新型城镇化或城市群对乡村振兴的引领、辐射、带动作用具有重要意义。要注意通过在城市群内部培育不同类型城市之间错位发展、分工协作、优势互补、网络发展新格局，带动城市群质量的提高，更好地发挥城市群对解决工农城乡发展失衡、

"三农"发展不充分问题的辐射带动作用。也要注意引导县城和小城镇、中心村、中心镇、特色小镇甚至农村居民点、农村产业园或功能区,增进其同所在城市群内部区域中心城市(镇)之间的分工协作和有机联系,培育网络发展新格局,为带动提升乡村功能价值创造条件。

要结合培育网络经济视角,在乡村振兴规划的编制和实施过程中,加强对乡村振兴的分类施策。部分乡村能够有效融入所在城市群,或在相互之间能够形成特色鲜明、分工协作、优势互补、网络发展新关联,应该积极引导其分别走上集聚提升型、城郊融合型、卫星村镇型、特色文化或景观保护型、向城市转型等不同发展道路。部分村庄日益丧失生存发展的条件,或孤立于所在城市群或区域性的生产生活网络,此类村庄的衰败不仅是难以根本扭转的趋势,还可以为在总体上推进乡村振兴创造更好的条件。

此外,用网络经济视角编制和实施乡村振兴规划,还要注意统筹谋划农村经济建设、文化建设、社会建设、生态文明建设和党的建设,提升乡村振兴的协同性、关联性,加强对乡村振兴的整体部署,完善乡村振兴的协同推进机制。按照网络经济视角,链接大于拥有,代替之前的"占有大于一切"。因此,在推进乡村振兴的过程中,要注意通过借势发展带动造势发展,创新"不求所有,但求所用"方式,吸引位居城市的领军企业、领军人才参与和引领乡村振兴,更好地发挥"四两拨千斤"的作用。这样也有利于促进乡村振兴过程中的区域合作、部门合作、组织合作和人才合作,用开放、包容的理念,推进乡村振兴过程中资源、要素和人才质量的提升。

(四)把编制规划作为撬动体制机制改革深入推进的杠杆

在实施乡村振兴战略的过程中,推进体制机制改革和政策创新具有关键性的影响。在编制乡村振兴战略规划的过程中,提出推进体制机制改革、强化乡村振兴制度性供给的思路或路径固然是重要的,但采取有效措施,围绕深化体制机制改革提出一些切实可行的方向性、目标性要求,把规划的编制和实施转化为撬动体制机制改革深入推进的杠杆,借此唤醒系列、连锁改革的激发机制，对提升规划质量、推进乡村振兴的高质量发展更有重要意义，正如"授人以鱼不如授人以渔"一样。

在这些地区，不仅产业结构要转型升级，人口、经济甚至民居、产业园的布局方式也亟待转型升级。无论是发展先进制造业，还是发展服务业，都要求在空间布局上更加集中集聚，形成集群集约发展态势。

在各级政府高度重视解决问题紧迫性的基础上，通过加强相关综合改革的试点试验和推广工作，为解决这些复杂严峻的区域乡村振兴问题探索新路。应加强对这些地区的支持，鼓励其以加强城中村、乡村产业园治理或其他具有区域代表性的特色问题治理为重点，开展农村综合改革和农村改革试验区工作。也可鼓励这些地区直接创建"城乡融合发展体制机制改革试验区"，率先探索、推进城乡融合发展的体制机制和政策创新。

重点围绕各地区乡村振兴亟待解决的重大难点问题，组织相关体制机制改革和政策创新的试验，这也是为形成具有区域特色的乡村振兴道路探索了一条新路。推进乡村振兴，每个地方都应走有区域特色的乡村振兴道路。中国特色的社会主义乡村振兴道路，应该是由各地富有区域特色的乡村振兴道路汇聚而成的。

## （五）加强规划精神和典型经验的宣传推广

为强化乡村振兴的规划引领，加强规划编制和实施工作固然是重要的，但加强规划精神、规划思路的宣传推广更加不可或缺。这不仅有利于推进乡村振兴的利益相关者更好地理解乡村振兴规划的战略意图，增强其实施规划的信心和主动性、积极性，还有利于将乡村振兴的规划精神更好地转化为推进乡村振兴的自觉行动，有利于全党全社会凝心聚力，提升推进乡村振兴的水平和质量。加强对乡村振兴规划精神的宣传推广，还可以将工作适当前移，通过在规划编制过程中促进不同观点的碰撞、交流和讨论，更好地贯彻中央推进乡村振兴的战略意图和政策精神，提升乡村振兴规划的编制质量与水平。要结合规划编制和实施过程中的调研，加强对典型经验、典型模式、典型案例的分析总结，将加强顶层设计与鼓励基层发挥首创精神结合起来，发挥榜样的示范引领作用，带动乡村振兴规划编制和实施水平的提高。要注意不同类型典型经验、典型模式、典型案例的比较研究和融合提升，借此提升其示范推广价值。

有些地区在推进乡村振兴方面虽然提供了一些经验，但提供的教训可能更加深刻。加强对这些教训的分析研究甚至案例剖析，对于提升乡村振兴规划编制、实施的水平与质量，更有重要意义。

# 第三节　乡村振兴战略规划制定的基础与分类

制定乡村振兴战略规划要以正确处理好五大关系为基础，在此基础上，要把握好乡村振兴战略的类型与层级。

## 一、乡村振兴战略规划制定的基础

乡村振兴战略规划是一个指导乡村发展的战略性规划和软性规划，涵盖范围非常广泛，既需要从产业、人才、生态、文化、组织等方面进行创新，又需要统筹特色小镇、田园综合体、全域旅游、村庄等重大项目的实施。因此，乡村振兴战略规划的制定首先须厘清五大关系，即20字方针与五个振兴的关系，五个振兴之间的内在逻辑关系，特色小镇、田园综合体与乡村振兴的关系，全域旅游与乡村振兴的关系，城镇化与乡村振兴的关系。

20字方针与五个振兴的关系："产业兴旺、生态宜居、乡风文明、治理有效、生活富裕"的20字方针是实施乡村振兴战略的总需求，产业振兴、人才振兴、文化振兴、生态振兴、组织振兴是实现乡村振兴的战略逻辑，亦即20字乡村振兴战略总需求的实现需要五个振兴的稳步推进。

五个振兴之间的内在逻辑关系：产业振兴、人才振兴、文化振兴、组织振兴、生态振兴共同构成乡村振兴不可或缺的重要因素。其中，产业振兴是乡村振兴的核心与关键，而产业振兴的关键在人才，以产业振兴与人才振兴为核心，五个振兴间构成互为依托、相互作用的内在逻辑关系。

特色小镇、田园综合体与乡村振兴的关系：从乡村建设角度而言，特色小镇是点，是解决"三农"问题的一个手段，其主旨在于壮大特色产业，激发乡村发展动能，形成城乡融合发展格局；田园综合体是面，是充分调动乡村合作社与农民力量，对农业产业进行综合开发，构建以农为核心的乡村发展架构；乡村振兴则是在点、面建设基础上的统筹安排，是农业、农民、农村的全面振兴。

全域旅游与乡村振兴的关系：全域旅游与乡村振兴同时涉及区域的经济、文化、生态、基础设施与公共服务设施等各方面的建设，通过"旅游＋"建设模式，全域旅游在解决"三农"问题、拓展农业产业链等方面发挥重要作用。

城镇化与乡村振兴的关系：乡村振兴战略的提出，并不是要否定城镇化战略，相反，二者是在共生发展前提下的一种相互促进关系。首先，在城乡生产要素的双向流动下，城镇化的快速推进将对乡村振兴起到辐射带动作用；其次，乡村振兴成为解决城镇化发展问题的重要途径。

## 二、乡村振兴战略规划的类型与层级

### （一）乡村振兴战略规划的类型

#### 1．综合性规划

乡村规划是特殊类型的规划，需要生产与生活结合。乡村现有规划为多部门项目规划，少地区全域综合规划，运行规则差异较大，如财政部门管一事一议、环保部门管环境集中整治、农业部门管农田水利、交通部门管公路建设、建设部门管居民点撤并等。因此乡村规划应强调多学科协调、交叉，需要规划、建筑、景观、生态、产业、社会等各个相关学科的综合引入，实现多规合一。

## 2. 制度性规划

乡村规划与实施管理的复杂性凸显：一是产业收益的不确定性导致的村民收入的不稳定性；二是乡村建设资金来源的多元性；三是部门建设资金的项目管理转向综合管理。乡村规划与实施管理的表征是对农村地区土地开发和房屋建设的管制，实质是对土地开发权及其收益在政府、市场主体、村集体和村民的制度化分配与管理。因此乡村规划与实施管理重心、管理方法和管理工具需要不断调整，乡村规划制度的重要性凸显。

## 3. 服务型规划

乡村规划是对乡村空间格局和景观环境方面的整体构思和安排，既包括乡村居民点生活的整体设计，体现乡土化特征，也涵盖乡村农牧业生产性基础设施和公共服务设施的有效配置。同时乡村规划不是一般的商品和产品，实施的主体是广大的村民、村集体乃至政府、企业等多方利益群体，在现阶段基层技术管理人才不足的状况下，需要规划编制单位在较长时间内提供技术性咨询服务。

## 4. 契约式规划

乡村规划的制定是政府、企业、村民和村集体对乡村未来发展和建设达成的共识，形成有关资源配置和利益分配的方案，缔结起政府、市场和社会共同遵守和执行的"公共契约"。《中华人民共和国城乡规划法》规定乡村规划需经村民会议讨论同意、由县级人民政府批准和不得随意修改等原则要求，显示乡村规划具有私权民间属性，属于没有立法权的行政机关制定的行政规范性文件，具有不同于纯粹的抽象行政行为的公权行政属性和"公共契约"的本质特征。

## (二) 乡村振兴战略规划的层级

## 1. 国家级乡村振兴战略规划

国家级乡村振兴战略规划是指由国家层面制定的针对乡村振兴的整体规划和战略。这样的规划旨在促进农村经济发展、改善农村居民生活水平、提升农村社会治理能力，推动乡村全面振兴。

　　国家级乡村振兴战略规划通常由国家发展和改革委员会等主管部门牵头制定，涵盖了乡村振兴的各个方面，包括但不限于农业发展、农村基础设施建设、农村产业转型升级、农村社会事业发展、生态环境保护等。该规划通常具有较长的实施周期，一般覆盖五年或更长时间段。

　　国家级乡村振兴战略规划的制定和实施涉及多个部门和层级的协同合作。它需要整合各方资源，明确目标和任务，制定具体的政策措施，加强组织领导和统筹推进，以实现乡村振兴的整体目标。

　　国家级乡村振兴战略的规划为乡村振兴提供了指导和支持，有助于提高农村经济发展的科学性和可持续性，促进城乡发展协调一体化。同时，国家级乡村振兴战略规划还为各级地方政府和相关部门提供了指导和参考，推动乡村振兴战略在全国范围内的有序推进。

　　需要指出的是，不同国家的乡村振兴战略规划可能有所差异，因为它们会因国家的具体国情、经济发展阶段、农村问题等而有所调整。因此，在具体的国家背景下，国家级乡村振兴战略规划会有不同的内容和重点。

　　2. 省级乡村振兴战略规划

　　各省乡村振兴战略规划也要按照产业兴旺、生态宜居、乡风文明、治理有效、生活富裕的总要求，对各省实施乡村振兴战略做出总体设计和阶段谋划，明确目标任务，细化实化工作重点、政策措施、推进机制，部署重大工程、重大计划、重大行动，确保全省乡村振兴战略扎实推进。省级乡村振兴战略规划是全省各地各部门编制地方规划和专项规划的重要依据，是有序推进乡村振兴的指导性文件。

　　3. 县域乡村振兴战略规划

　　乡村振兴，关键在县。县委书记是乡村振兴的前线总指挥，是落地实施的第一责任人。乡村振兴不是一个形象工程，也不是一个贸然行动，它需要在顶层设计引领下，在县域层面分步踏实地推进。县域乡村振兴是国家乡村振兴战略推进与实施的核心与关键，应该以国家和省级战略为引导，以市场需求为依托，突破传统村镇结构，在城镇规划体系基础上，构建既区别于城市，又与城市相互衔接、相互融合的"乡村规划新体系"，进行科学系统的规划编制，保证乡村振兴战略的有效实施。

（1）县域乡村振兴规划体系

县域乡村振兴规划是涉及五个层次的一体化规划，即《县域乡村振兴战略规划》《县域乡村振兴总体规划》《乡/镇/聚集区（综合体）规划》《村庄规划》《乡村振兴重点项目规划》。一是县域乡村振兴战略规划。县域乡村振兴战略规划是发展规划，需要在进行现状调研与综合分析的基础上，就乡村振兴总体定位、生态保护与建设、产业发展、空间布局、居住社区布局、基础设施建设、公共服务设施建设、体制改革与治理、文化保护与传承、人才培训与创业孵化十大内容，从方向与目标上进行总体决策，不涉及细节指标。县域乡村振兴战略规划应在新的城乡关系下，在把握国家城乡发展大势的基础上，从人口、产业的辩证关系着手，甄别乡村发展的关键问题，分析乡村发展的动力机制，构建乡村的产业体系，引导村庄合理进行空间布局，重构乡村发展体系，构筑乡村城乡融合的战略布局。二是县域乡村振兴总体规划。县域乡村振兴总体规划是与城镇体系规划衔接的，在战略规划指导下，落地到土地利用、基础设施、公共服务设施、空间布局与重大项目，而进行的一定期限的综合部署和具体安排。在总体规划的分项规划之外，可以根据需要，编制覆盖全区域的农业产业规划、旅游产业规划、生态宜居规划等专项规划。此外，县域乡村振兴总体规划还应结合实际，选择具有综合带动作用的重大项目，从点到面布局乡村振兴。三是乡/镇/聚集区（综合体）规划。聚集区（综合体）为跨村庄的区域发展结构，包括田园综合体、现代农业产业园区、一二三产业融合先导区、产居融合发展区等。其规划体例与乡镇规划一致。四是村庄规划。村庄规划是以上层次规划为指导，对村庄发展提出总体思路，并具体到建设项目，是一种建设性规划。五是乡村振兴重点项目规划。重点项目是对乡村振兴中具有引导与带动作用的产业项目、产业融合项目、产居融合项目、现代居住项目的统一称呼，包括现代农业园、现代农业庄园、农业科技园、休闲农场、乡村旅游景区等。规划类型包括总体规划与详细规划。

（2）县域乡村振兴的规划内容

一是综合分析。乡村振兴规划应针对"城乡发展关系"以及"乡村发展现状"，进行全面、细致、翔实的现场调研、访谈、资料搜集和整理、分析、总结。二是战略定位及发展目标。乡村振兴战略定位应在国家乡村振兴战略与区域城乡融合发展的大格局下，运用系统性思维与顶层设计理念，通过乡村可适性原则，确定具体的主导战略、发展路径、发展模式、发展愿景等。而乡村振兴发展目标的制定，应在乡村三阶段目标任务与时间节点基础上，依托现状条件，提出适于本地区发展的可行性目标。三是九大专项规划。产业规划：立足产业发展现状，充分考虑国际国内及区域经济发展态势，以现代农业三大体系构建为基础，以一二三产业融合为目标，对当地三次产业的发展定位及发展战略、产业体系、空间布局、产业服务设施、实施方案等进行战略部署。生态保护建设规划：统筹山水林田湖草生态系统，加强环境污染防治、资源有效利用、乡村人居环境综合整治、农业生态产品和服务供给，创新市场化多元化生态补偿机制，推进生态文明建设，提升生态环境保护能力。空间布局及重点项目规划：以城乡融合、三生融合为原则，县域范围内构建新型"城—镇—乡—聚集区—村"发展及聚集结构，同时要形成一批重点项目，形成空间上的落点布局。居住社区规划：以生态宜居为目标，结合产居融合发展路径，对乡镇、聚集区、村庄等居住结构进行整治与规划。基础设施规划：以提升生产效率、方便人们生活为目标，对生产基础设施及生活基础设施的建设标准、配置方式、未来发展做出规划。公共服务设施规划：以宜居生活为目标，积极推进城乡基本公共服务均等化，统筹安排行政管理、教育机构、文体科技、医疗保健、商业金融、社会福利、集贸市场等公共服务设施的布局和用地。体制改革与乡村治理规划：以乡村新的人口结构为基础，遵循"市场化"与"人性化"原则，综合运用自治、德治、法治等治理方式，建立乡村社会保障体系、社区化服务结构等新型治理体制，满足不同乡村人口的需求。人才培训与孵化规划：统筹乡村人才的供需结构，借助政策、资金、资源等的有效配置，引入外来人才、提升本地人才技能水平、培养职业农民、进行创业创新孵化，形成支撑乡村发展的良性人才结构。文化传承与创新规划：遵循在"保护中开发，在开发中保护"的原则，对乡村历史文化、传统文化、原生文化等进行以传承为目的的开发，在与文化创意、科技、新兴文化融合的基础上，实现对区域竞争力以及经济发展的促进作用。四是三年行动计划。首先，制度框架和政策体系基本形成，确定行动目标。其次，分解行动任务，包括深入推进农村土地综合整治，加快推进农业经营和产业体系建设，农村一二三产业融合提升，产业融合项目落地计划，农村人居环境整治等。同时制定政策支持、金融支持、土地支持等保障措施，最后安排近期工作。

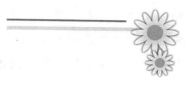

# 第二章  乡村生态振兴

## 第一节  着力推进农业绿色发展

新时代推进农业绿色发展，是全面落实绿色发展理念、提升农产品品质、切实保障人民群众"舌尖上的安全"的必然选择。新时代中国农业发展最根本的目标或者出发点，应该立足于为我国人民提供健康优质安全的农产品，这是关系中华民族自身健康延续下去的重大战略问题。因此，分析研究新时代农业绿色发展的相关问题，对贯彻落实中央农村工作会议精神，全面实施乡村振兴战略，具有重要的现实意义。

### 一、新时代农业绿色发展的动因分析

绿色发展理念的提出为农业实现绿色转型发展提供了宏观政策环境；而严峻的农业生产环境形势、日益增长的消费市场需求、日益严格的国际农产品市场准入条件，以及新时代如何进一步增加农民收入等问题，为农业实现绿色转型发展提出了现实需求。

#### （一）实施绿色发展的政策推动

农业主要依靠资源消耗的粗放经营方式没有得到根本改变，农业生产所需的优质耕地资源、水资源配置到城镇、非农产业的趋势依然强劲，农业面源污染和生态退化的趋势尚未有效遏制，优质安全农产品供

给还不能满足人民群众日益增长的需求。推进农业绿色发展，是贯彻新发展理念、推进农业供给侧结构性改革的必然要求，是加快农业现代化、促进农业可持续发展的重大举措，对保障国家食物安全、资源安全和生态安全，维系当代人福祉和保障子孙后代永续发展都具有更大意义。

## （二）治理农业面源污染的现实需要

农业面源污染具有分散性和隐蔽性、随机性和不确定性、不易监测性和空间异质性等特点，因而对其进行全面治理难度较大，而且具有明显的长期性、复杂性和艰巨性。从行为学视角来看，农业面源污染是源于化肥、农药等化学品的过量投入及低效利用，以及规模化养殖畜禽粪便的不合理处置等行为。从管理学和经济学视角来看，农业面源污染则是源于"追求增长"的发展观、城乡二元经济社会结构、农业面源污染的负外部性、较高的治理成本以及多元化的农户生产行为。

## （三）满足消费者生态需求的根本保证

随着人民生活水平的逐渐提高，人民对安全优质农产品的需求日益迫切，这是人民日益增长的美好生活需要的重要组成部分。近些年来，中国经济实现了中高速增长，与此同时也带来了严重的资源破坏、环境污染问题。保护生态环境就是保护生产力。针对日益严重的事关国人健康的水、土、大气污染问题，国家相继出台了"水十条"① "气十条"② "土十条"③。

除水、气、土之外，农产品质量安全也始终是党中央、国务院关注

---

① "水十条"是指《水污染防治行动计划》，主要目标是到 2020 年基本实现重点流域水环境质量改善和生态修复，包括水质改善、水资源保护、水生态恢复等方面的具体措施。

② "气十条"是指《大气污染防治行动计划》，旨在减少大气污染物排放，改善空气质量，包括减少工业和汽车尾气排放、加强污染治理等措施。

③ "土十条"是指《土壤污染防治行动计划》，该计划的目标是到 2020 年实现农田土壤质量安全、建设用地土壤环境风险管控、工业用地土壤环境风险防控等方面的目标，其中包括土壤污染调查、修复、预防等一系列措施。

的重大问题之一。民以食为天，加强食品安全工作，关系着人民身体健康和生命安全。由此可见，实现农业绿色发展，保障农产品质量安全，是破解新时代中国社会主要矛盾的重要举措。因此，实现农业绿色发展，确保农产品质量安全，是满足消费者生态需求的根本保证。

## （四）提升农产品国际竞争力的必然要求

在经济全球化背景下，农产品的国际贸易日益频繁。随着劳动力成本的进一步提高，其比较优势也会逐渐降低。"绿色壁垒"是近年来国际贸易中出现的与生态环境紧密关联的一种新型贸易壁垒形式，通常表现为绿色关税、绿色市场准入、"绿色反补贴""绿色反倾销"、环境贸易制裁等。对农产品而言，一方面是其生产、使用、消费和处理都与环境密切相关，另一方面是世界各国都对其实施了力度较大的保护措施。因此，绿色壁垒必然对国际农产品贸易产生重大的影响。作为传统的农产品出口国，加入 WTO 之后，中国农产品面临着更严格的绿色壁垒。对此，需要从正反两个方面进行分析。对农产品进口国而言，制定严格的绿色标准，将不符合其标准的农产品拒之门外，无疑是出于对本国消费者健康的考虑，当然也不排除故意的贸易保护主义。对农产品出口国而言，由于受绿色壁垒的限制，农产品国际贸易受到巨大影响，削弱了其农产品在国际市场上的竞争力，影响了农业创汇能力。这就迫切要求农产品出口国必须提高农产品品质，并且逐渐将其标准与进口国相互认可，从而提高农产品的国际竞争力。

实事求是地讲，中国农产品质量在国际市场上的总体竞争力太弱，应对绿色壁垒的能力不足，因质量达不到进口国的绿色标准而被退回的事件时有发生，一方面可能是由于彼此之间绿色标准不一致造成的，另一方面也说明中国农产品质量依然存在一些问题。因此，推动农业绿色发展，提高农产品品质，是全面提升中国农产品国际市场竞争力的必然要求。

## （五）增加农民收入的有效途径

中国农业农村发展进入新时代，也出现了很多新问题。对农业生产而言，主要表现在两个方面：一是粮食供求品种结构的失衡，从而出现了产量、进口量和库存量齐增的现象；二是相对于现代农业而言，中国农业经营规模依然较小，由此带来比较高的农业生产成本。这在一定程度上影响了农民家庭经营性收入。与此同时，农业发展的外部环境、内在条件都发生了深刻变化，农民增收越来越受到国民经济和全球一体化发展的深刻影响，持续增收有机遇，但也有压力和挑战；农村居民收入增长乏力已成为中国经济发展中的突出问题，需要实现农民收入的超常规增长。但从本质上来看，实现农民收入的超常规增长，不仅需要技术、资金、劳动力、土地等传统要素的优化组合，更需要依靠改革创新驱动来引领新兴要素优化配置。

让农业成为有奔头的产业。要实现农民收入超常规增长，必须进一步稳定家庭经营收入。为此，一是要实现农业绿色发展，把优质、绿色、生态、安全的农产品生产摆在突出位置，要培育农产品品牌，实现优质优价；二是要结合农业绿色发展，大力推广节水节药节肥节电节油技术，降低农业生产资料、人工、流通等成本；三是要引导发展适度规模经营，通过扩大生产经营规模来增加农民收入。

在稳定农业生产传统业态的同时，需培育农业发展新业态，拓宽农业增收新渠道，发掘农业多功能价值，包括培育休闲农业、乡村旅游、创意农业、农村电子商务等新产业、新业态，而这些新业态的发展必须以农业绿色发展为前提。因此，实现农业绿色发展，是提高农民收入的有效途径。

## 二、新时代农业绿色发展的对策建议

在新的时代背景下，中国农业发展应将为国人提供优质安全农产品作为最根本的出发点与目标，要实现这个目标，其核心就是要保护水土资源的数量，提升水土资源的质量，以破解实现农产品质量安全所需优质水土资源不足的桎梏，实现农业的绿色发展。

## （一）强化对实现农业绿色发展重大战略意义的认识

就农业生产而言，应该是实现农业从传统走向绿色的战略转折期。针对新时代中国农业生产所面临的资源环境形势，以及优质安全农产品供应状况，必须以保护水土资源为核心，实现农业绿色发展，这是确保农产品质量安全，真正走向绿色生态的重要举措，也是引领中国现代农业发展的有效途径，更是实现中华民族健康、永续发展的坚实保障。换句话说，保护好水土资源，实现农业绿色发展，不仅仅是保证农产品质量安全的农业生产问题，而是关乎中华民族能否健康延续下去的重大战略问题。因此，必须强化对农业绿色发展重大战略意义的认识。只有在战略上重视，才能实现战术上的重视。

## （二）完善环保制度，严格环保执法，减少工业企业对水土资源的污染

近些年来，国家对环境保护工作重视程度日益加强，推动了环保制度建设。新时代，保护水土资源，实现农业绿色发展，依然受到工业企业污染的威胁。据此，工业企业的排污行为应进一步规范，从而实现总量控制取代达标排放，激励性制度、引导性制度取代限制性制度。同时，严格环保执法，对违反环保法规的企业进行严惩，切实转变过去"以罚代法"的做法，根据所造成的环境污染程度，由企业承担相应的法律责任，并处以重罚。此外，建立中央环保督察的长效机制，以规范政府行为。

## （三）采取有效措施，确保耕地数量稳定与质量提升

耕地资源数量是保障以粮食为主农产品数量：安全的前提，而保护与提升耕地质量则是从根本上实现农产品质量安全的保证。因此，需要从数量与质量两个方面采取有效措施，以实现耕地资源的有效保护。

### 1. 以最严格的耕地保护制度实现耕地资源数量的稳定

在快速工业化、城镇化进程中，对耕地的占用会呈现刚性递增的态势，而且短期内难以实现扭转。耕地资源数量的稳定是保障国家粮食安

全的最基本要素。需要依据最严格的耕地保护制度，通过耕地占补平衡、永久性基本农田划定等政策性措施，实现耕地资源数量动态平衡的目的。

## 2. 建立中央耕地督察机制，解决耕地资源保护中的违规问题

在耕地保护方面，国家采取了严格划定永久基本农田作为保护优质耕地的一种有效手段，对稳定耕地资源数量，保证耕地资源质量，保障国家粮食安全发挥了很大作用。

国土部门采取耕地保护的专项巡查等措施，解决了部分问题，但不能从根本上解决。为此，建议借鉴中央环保督察的成功经验，尽快建立中央耕地督察机制。一是根据耕地资源对于保障国家粮食安全的重要性，明确开展耕地督察的重点区域；二是建立耕地督察的长效机制，提升国家治理能力以及决策的科学化水平，更好地解决耕地保护工作中的实际问题；三是建立督察信息公开机制，接受广大公众的监督。

## 3. 保护优质耕地资源，改善耕地土壤的质量

在耕地等级构成中，中等地、低等地面积所占比例较高。因此，在实施优质耕地资源保护的同时，需要对中低产田进行改造，提升耕地土壤质量，提高耕地土地生产率，以保障国家粮食安全。为此，一是从技术层面减少和治理耕地土壤污染。如创新水质监测技术，减少污水灌溉造成的土壤污染；大力推广测土配方施肥技术，提高化肥使用率，减少化肥施用导致的面源污染；实施作物替代技术，加大对污染土壤的治理力度。二是从制度层面保障耕地恢复活力。扩大轮作休耕试点，健全耕地休养生息制度，建立与完善市场化、多元化的生态补偿机制，促进耕地活力的恢复，确保国家粮食安全。三是根据绿色发展理念，通过创新监管体系，规范农业生产资料的生产行为，从源头上解决农产品生产中生产资料投入带来的污染。

## (四) 加强水生态建设，实现水资源的高效利用

### 1. 强化水生态治理，提升水资源的保障能力

水生态建设和保护是水治理之本。自然界的淡水总量是大体稳定

的，但一个国家或地区可用水资源有多少，既取决于降水多寡，也取决于盛水的"盆"大小。做大盛水的"盆"是实现水资源可持续利用的根本。为此，应立足于系统论思维，统筹自然生态各种要素，把治水与治山、治林、治田有机结合起来，协调解决水资源问题，提升水资源对农业发展的保障能力。

2. 以最严格的水资源保护制度确保水资源可持续利用

我国治理水资源污染任重而道远。为此，应根据最严格水资源管理制度的要求，采取综合管理措施，以实现水资源的可持续利用以及满足农业生产灌溉用水的需求。同时，切实加大水域环境的监测与环保执法力度，切实杜绝工业企业对水资源的污染；在农业生产领域，应从生产投入着手，控制农业面源污染，减少其对水体的污染。

3. 创新农业用水机制，实现农业节水目的

当前，我国农业用水具有很大的节水潜力，应充分采取有效措施，创新农业用水机制，大力发展广农业节水。为此，应强化"适地"原则，一是依据不同区域的气候条件、水资源条件等，确定农业节水的重点区域；二是根据重点区域的农业生产状况，注重其节水技术的开发与集成；三是建立不同区域农业用水的机制，以实现农业节水的目的。

（五）创新机制，推动农业绿色发展

新时代，针对发展中所面临的诸多挑战，需创新机制，推动农业绿色发展。一是建议设立绿色农业发展特区。这是加快农业绿色发展的一项十分紧迫、十分重要的战略举措，根据所设立的绿色农业发展特区的资源基础，制定高起点的农业绿色发展规划，确定发展的核心，以引领中国农业绿色发展，实现"绿水青山就是金山银山"的目的。二是逐步建立与完善农业生态补偿机制。根据实现农业绿色发展的要求，在资源要素层面、产业层面、农业废弃物资源化利用层面等逐步建立与完善生态补偿机制，以增加有利于农业绿色发展的制度供给，为农业绿色发展提供良好的制度环境。

# 第二节　加强农村人居环境建设

农村人居环境好与坏直接关乎着农村居民的身心健康和农村经济的发展，影响着城乡融合实现的进程，更是建设社会主义新农村的重要内容。下面拟从美丽乡村视角来透视农村人居环境建设的历史轨迹和现实境遇并寻求问题所在，以为构建良好的农村人居环境提供多方面的建议。

## 一、优先开展科学规划工作

农村人居环境建设之所以困难重重，其中一个很重要的原因就在于村庄规划的无序性，建设实践活动没有成熟的理论作为先导；因此，必须优先开展科学规划工作，以为农村人居环境建设提供必要的准备。

一是需要合理建设、科学规划。相较之于城市人居环境建设，我国农村人居环境建设起步晚且建设较为缓慢，能够指导现在农村人居环境建设的经验或者理论相对欠缺，这就需要加强理论与实践的结合，强化高校研究与农村具体实际相结合，制定科学有效的农村人居环境建设规划，使农村人居环境建设有理有据。二是因地制宜、逐渐推进。由于我国幅员辽阔、人口众多、民族多样化、文化多元化等因素的影响，我国农村省与省之间、市与市之间、县与县之间、镇与镇之间、村与村之间都有很大的差异性，所以在建设农村人居环境过程中要根据农村居民需求、因村而异做出具体的规划；同时还要根据不同级别的农村进行区别规划，有重点、有层次、有示范地进行推进。三是保护传统文化、彰显乡村特色。民族与文化的差异性导致了农村出现了古村落、历史村、旅游村等极具特色性的村庄，这些农村环境不需要过多拆除以发展农村特色优势，开拓旅游资源、民族资源以及文化资源等，从而为改善农村人居环境提供更好的后备条件。四是保护农村生态环境、修复农村绿水青山。生态环境破坏是农村人居环境建设过程中面临的一个重要问题，它是农村经济发展的产物。生态环境的破坏势必影响农村居民的身心健康和日常生活，因而必须牢固树立环境保护意识，时刻做到环境保护预防为主、防治结合、综合治理，归还农村碧水青山。

## 二、强化政府职能发挥

政府是农村人居环境建设的指挥者，政府职能的发挥对改善农村人居环境有着直接的作用。因此，政府必须明晰自己的职能权限，乡镇政府之间、乡镇政府与村委会之间的权责关系，放权给乡镇政府，做到真正意义上的服务型政府；加强与有关部门之间的沟通。农村人居环境建设不仅涉及政府部门还涉及与国土、环境、社会保障、城市规划以及医疗等相关部门，农村人居环境的建设需要政府协调好与这些部门之间的关系；提高监督管理能力、创立激励机制。相较之于城市人居环境建设相关的政府监督管理体制，农村人居环境建设监督管理体制构建明显滞后甚至空白，这使得农村人居环境建设缺乏必要的制度保障，所以完善农村人居环境建设相关的政府监督管理体制很是必要。同时，还需要加大对相关人员的培养和培训，高素质的政府人员对农村人居环境建设提供一定的人力支撑。再者政府需要创立激励机制，对做好农村人居环境建设的个人或集体给予一定的奖励，以达到引领示范性的作用，实现农村居民自觉自建居民环境。政府作为执行与监督部门，在农村人居环境建设中扮演着重要的角色，必须明确权责范围，做好分工。

## 三、规范农村区域投资方式

为了建设社会主义新农村，实现城乡融合发展，国家每年对"三农"问题的解决给予了很大的财政支持，这虽然对农村经济的发展和改善农村人居环境起到了重要的作用，但是事物的发展不仅需要外在条件的助力，而且还需要内在因素的推动，发展农村经济完善农村人居环境的主力仍旧在于农村居民自身。只有农村经济得到快速发展，居民富裕才会有更多的精力与资金投入人居环境建设。因此，对于农村居民而言，发展才是硬道理。其中事关农村经济发展最重要的因素就是农村的投资方式，关于规范农村区域投资方式，主要涉及农村经济发展自身的投资方式和农村外来的投资方式。投资的金额和投资利用率直接影响着农村人居环境建设的进程，为改善农村人居环境提供强有力的保障。就农村经济发展自身而言，一方面国家需要对农村经济发展施以引导，鼓励和支持农村乡镇企业，生态破坏小、环境污染少的企业入驻农村，并给予这些企业以政策上的帮助；另一方面，培养高素质、高技能的农业从业人员、提高农业发展的机械化和现代化水平，减少农村投入成本，提高粮食产量。就农村外来投资方式而言，部分农村为了快速发展本地经济而对农村外来投资方式并未进行严格的质量筛选，一些高污染、高耗能的企业造成了严重的环境污染，农村人居环境遭受严重的生态破坏。这就需要国家和当地政府联合当地农村居民积极参与到对外来投资的综合评估之中，从根源处筛选，寻求高质量、高效率的农村外来投资企业，真正为农村经济发展谋福利。

## 四、加强农村居民主体性建设

农村居民是完善农村人居环境的重要主体，影响农村人居环境建设的直接进程，所以必须加强农村居民的主体性建设。关于农村居民的主体性建设主要涉及以下几个方面：一是保障农村居民自治。农村居民的自治权是民主性的凸显，加强了对农村事务的监督、管理，提高了政府工作的透明度。必须保障农村居民自治权利，建立自下而上的农村自治体系尤为迫切。二是完善农村基础设施。农村居民主体性的建设需要国家提供必要的公共服务和公共产品的供给，为农村居民建设良好的人居环境提供必要的基础条件，同时还要加大财政支持和政策支持，提高农村教育、就业、医疗、保险、收入和社会治理的覆盖面积，以改善民生。三是提高居民文化素养。国家需要加大对农村教育的财政投入力度，强化偏远地区的义务教育，加强农村文化知识的宣传，提高农村居民的文化素养，把农村劳动力转化为人力资源，这是农村人居环境建设的长期有效保障。

# 第三节　重视乡村生态环境保护

良好生态环境是乡村振兴的最大优势和宝贵财富，因此，必须尊重自然、顺应自然、保护自然。推动乡村生态振兴，除了要坚持绿色发展外，更要加强乡村生态环境保护，打造农民安居乐业的美丽家园。

## 一、生态环境保护思想演进进程

### （一）消费"绿水青山"来换取"金山银山"的阶段

消费"绿水青山"来换取"金山银山"是指在经济发展过程中，为了获取经济利益和财富积累，牺牲了环境资源和生态环境的现象。这种阶段可以被称为发展初期或者追求经济增长阶段。

现代社会对可持续发展的追求，强调经济、社会和环境的协调发展，倡导绿色、低碳、循环和可持续的发展模式。

因此，消费"绿水青山"来换取"金山银山"的阶段是一个经济发展过程中的阶段性现象，而在现代社会中，更多的关注点已经转向了可持续发展，将经济增长与环境保护相结合，追求绿色发展和生态文明建设。

### （二）保护"绿水青山"来稳定"金山银山"的阶段

工业革命的迅速发展，在全球范围内掀起了改良劳动生产工具、创新科学技术以追求经济快速增长的浪潮。在大浪潮的席卷之下，世界各国相继迈入追求高速发展的经济实力竞赛中，但单纯地实现经济线性增长造成了严重的生态环境问题，这不仅成为影响发展中国家经济可持续发展的制约因素，也使发达国家面临同样的经济发展难题。

在以经济建设为中心、大力发展生产力的改革开放时期直至 21 世纪初期，我国不论是在恢复国民经济、提高综合国力还是提升国际地位上，都取得了显著成就。

### （三）恢复"绿水青山"来实现"金山银山"的阶段

我们党吸收并继承改革开放以来生态思想的有益成果，总结我国在追求经济线性发展时，日益出现的与生态环境之间不相协调的关系现状，把生态文明建设纳入实现社会主义现代化的"五位一体"① 总体布局，努力实现生态保护与经济发展的和谐共赢，建设美丽中国，实现中华民族的永续发展。充分认识到自然资源的有限性、稀缺性和自然规律的客观性，认识到在满足人民日益增长的美好生活需要的同时必须充分发挥人类的主观能动性去认识自然、改造自然、合理利用自然，但我们需要明确对自然界改造和利用的过程中的合理之"度"，需要限定在自然界自身的承载力范围之内。

"绿水青山"是我们赖以生存的自然界，是为我们提供丰富资源的自然基础；"金山银山"是通过进一步开发利用"绿水青山"，在尊重自然界客观规律的基础上，充分发挥人的主观能动性进而实现的。主观能动性的发挥必须在适度的范围之内，使自然资源本身具有的使用价值在人类的劳动、交换、消费过程中创造新的价值，从而为我们社会创造物质财富。我们只有在适度的范围之内、在尊重自然界客观规律的基础之上，发挥人类的主观能动性，利用自然界丰富的自然资源，进而改造自然，促进经济的可持续发展和中华民族的永续发展，才能说"保护生态环境就是保护生产力，改善生态环境就是发展生产力"。

在中国特色社会主义新时代，我们所建设的社会主义现代化不仅仅是经济迅速发展带来的物质文明现代化，还包括人与自然和谐共生的生态文明现代化。为实现生态文明现代化，必须认真贯彻绿色发展、低碳发展的生态理念，自上而下地提高全民族保护生态环境的自觉性和主动性，在全国范围之内增强保护自然的自觉意识。为进一步恢复生态环境，必须加快生态文明体制的改革，建立生态文明制度体系，以法的形

---

① "五位一体"总体布局是指经济建设、政治建设、文化建设、社会建设和生态文明建设五位一体，全面推进。

式监督、促进生态文明的改革和建设，形成人与自然和谐共生的新格局。

## 二、构建乡村生态环境保护体系

### （一）增强乡村生态环境保护的使命感

各级农业农村部门要深入学习贯彻习近平生态文明思想，切实把思想和行动统一到中央决策部署上来，深入推进农业农村生态环境保护工作，提升农业农村生态文明。要深刻把握人与自然和谐共生的自然生态观，正确处理"三农"发展与生态环境保护的关系，自觉把尊重自然、顺应自然、保护自然的要求贯穿到"三农"发展全过程。要深刻把握"绿水青山就是金山银山"的发展理念，坚定不移走生态优先、绿色发展新道路，推动农业高质量发展和农村生态文明建设。要深刻把握良好生态环境是最普惠民生福祉的宗旨精神，着力解决农业面源污染、农村人居环境脏乱差等农业农村突出环境问题，提供更多优质生态产品以满足人民对优美生态环境的需要。要深刻把握山水林田湖草是生命共同体的系统思想，多措并举、综合施策，提高农业农村生态环境保护工作的科学性和有效性。要深刻把握用最严格的制度、最严密的法治保护生态环境的方法路径，实施最严格的水资源管理制度和耕地保护制度，给子孙后代留下良田沃土、碧水蓝天。

### （二）构建乡村生态环境保护的制度体系

落实农业功能区制度，建立农业生产力布局、耕地轮作休耕、节约高效的农业用水等制度，建立农业产业准入负面清单制度，因地制宜制定禁止和限制发展产业目录。推动建立工业和城镇污染向农业转移防控机制，构建农业农村污染防治制度体系，加强农村人居环境整治和农业环境突出问题治理，推进农业投入品减量化、生产清洁化、废弃物资源化、产业模式生态化，加快补齐农业农村生态环境保护突出短板。健全以绿色生态为导向的农业补贴制度，推动财政资金投入向农业农村生态环境领域倾斜，完善生态补偿政策。加大政府和社会资本合作在农业生态环境保护领域的推广应用，引导社会资本投向农业资源节约利用、污染防治和生态保护修复等领域。加快培育新型市场主体，采取政府统一购买服务、企业委托承包等多种形式，推动建立农业农村污染第三方治理机制。

## （三）推进农业绿色发展的重大行动

推进化肥减量增效。实施果菜茶有机肥替代化肥行动，支持果菜茶优势产区、核心产区、知名品牌生产基地开展有机肥替代化肥试点示范，引导农民和新型农业经营主体采取多种方式积造施用有机肥，集成推广化肥减量增效技术模式，加快实现化肥使用量负增长。推进农药减量增效，加大绿色防控力度，加强统防统治与绿色防控融合示范基地和果菜茶全程绿色防控示范基地建设，推动绿色防控替代化学防治，推进农作物病虫害专业化统防统治，扶持专业化防治服务组织，集成推广全程农药减量控害模式，稳定实现农药使用量负增长。

推进畜禽粪污资源化利用。根据资源环境承载力，优化畜禽养殖区域布局，推进畜牧大县整县实现畜禽粪污资源化利用，支持规模养殖场和第三方建设粪污处理利用设施，集成推广畜禽粪污资源化利用技术，推动形成畜禽粪污资源化利用可持续运行机制。推进水产养殖业绿色发展，优化水产养殖空间布局，依法加强养殖水域滩涂统一规划，划定禁止养殖区、限制养殖区和养殖区，大力发展池塘和工厂化循环水养殖、稻渔综合种养、大水面生态增养殖、深水抗风浪网箱等生态健康养殖模式。

推进秸秆综合利用。以东北、华北地区为重点，整县推进秸秆综合利用试点，积极开展肥料化、饲料化、燃料化、基料化和原料化利用，打造深翻还田、打捆直燃供暖、秸秆青贮和颗粒饲料喂养等典型示范样板。加大农用地膜新国家标准宣传贯彻力度，做好地膜农资打假工作，加快推进加厚地膜应用，研究制定农膜管理办法，健全回收加工体系，以西北地区为重点建设地膜治理示范县，构建加厚地膜推广应用与地膜回收激励挂钩机制，开展地膜生产者责任延伸制度试点。

## （四）着力改善农村人居环境

加强优化村庄规划管理，推进农村生活垃圾、污水治理，整治提升村容村貌，打造一批示范县、示范乡镇和示范村，加快推动功能清晰、布局合理、生态宜居的美丽乡村建设。发挥好村级组织作用，多途径发展壮大集体经济，增强村级组织动员能力，支持社会化服务组织提供垃圾收集转运等服务。同时调动好农民的积极性，鼓励投工投劳参与建设管护，开展房前屋后和村内公共空间环境整治，逐步建立村庄人居环境管护长效机制。

## （五）切实加强农产品产地环境保护

加强污染源头治理，会同有关部门开展涉重金属企业排查，严格执行环境标准，控制重金属污染物进入农田，同时加强灌溉水质管理，严禁工业和城市污水直接灌溉农田。开展耕地土壤污染状况详查，实施风险区加密调查、农产品协同监测，进一步摸清耕地土壤污染状况，明确耕地土壤污染防治重点区域。在耕地土壤污染详查和监测基础上，将耕地环境质量划分为优先保护、安全利用和严格管控三个类别，实施耕地土壤环境质量分类管理。以南方酸性土水稻产区为重点，分区域、分作物品种建立受污染耕地安全利用试点，合理利用中轻度污染耕地土壤生产功能，大面积推广低积累品种替代、水肥调控、土壤调理等安全利用措施，推进受污染耕地安全利用。严格管控重度污染耕地，划定农产品禁止生产区，实施种植结构调整或退耕还林还草。扩大污染耕地轮作休耕试点，继续实施重金属污染耕地治理试点。

## （六）大力推动农业资源养护

加快发展节水农业，统筹推进工程节水、品种节水、农艺节水、管理节水、治污节水，调整优化品种结构，调减耗水量大的作物，扩种耗水量小的作物，大力发展雨养农业。建设高标准节水农业示范区，集中展示膜下滴灌、集雨补灌、喷滴灌等模式，继续抓好河北地下水超采区综合治理。加强耕地质量保护与提升，开展农田水利基本建设，推进旱涝保收、高产稳产高标准农田建设。推行耕地轮作休耕制度，坚持生态优先、综合治理、轮作为主、休耕为辅，集成一批保护与治理并重的技术模式。加强水生野生动植物栖息地和水产种质资源保护区建设，建立长江流域重点水域禁捕补偿制度，加快推进长江流域水生生物保护区全面禁捕，加强珍稀濒危物种保护，实施长江江豚、中华白海豚、中华鲟等旗舰物种拯救行动计划，全力抓好以长江为重点的水生生物保护行动。大力实施增殖放流，加强海洋牧场建设，完善休渔禁渔制度，在松花江、辽河、海河流域建立禁渔期制度，实施海洋渔业资源总量管理制度和海洋渔船"双控"制度，加强幼鱼保护，持续开展违规渔具清理整治，严厉打击涉渔"三无"船舶。加强种质资源收集与保护，防范外来生物入侵。

## （七）显著提升科技支撑能力

要突出绿色导向，把农业科技创新的方向和重点转到低耗、生态、安全、优质、循环等绿色技术上来，加强技术研发集成，不断提升农业绿色发展的科技水平。优化农业科技资源布局，推动科技创新、科技成果、科技人才等要素向农业生态文明建设倾斜。依托畜禽养殖废弃物资源化处理、化肥减量增效、土壤重金属污染防治等国家农业科技创新联盟，整合技术、资金、人才等资源要素，开展产学研联合攻关，合力解决农业农村污染防治技术瓶颈问题。发布重大引领性农业农村资源节约与环境保护技术，加强集成熟化，开展示范展示，遴选推介一批优质安全、节本增效、绿色环保的农业农村主推技术。

## （八）建立健全考核评价机制

各级农业农村部门要切实将农业生态环境保护摆在农业农村经济工作的突出位置，加强组织领导，明确任务分工，落实工作责任，确保党中央国务院决策部署不折不扣地落到实处。深入开展教育培训工作，提高农民节约资源、保护环境的自觉性和主动性。完善农业资源环境监测网络，开展农业面源污染例行监测，做好全国农业污染源普查，摸清农业污染源基本信息，掌握农业面源污染的总体状况和变化趋势，依托农业面源污染监测网络数据，做好省级农业面源污染防治延伸绩效考核，建立资金分配与污染治理工作挂钩的激励约束机制。探索构建农业绿色发展指标体系，适时开展部门联合督查，对农业绿色发展情况进行评价和考核，压实工作责任，确保工作纵深推进、落实到位。坚持奖惩并重，加大问责力度，将重大农业农村污染问题、农村人居环境问题纳入督查范围，对污染问题严重、治理工作推进不力的地区进行问责，对治理成效明显的地区予以激励支持。

# 第三章　乡村文化振兴

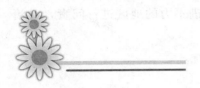

## 第一节　乡村文化的历史轨迹与政策演变

　　中国是一个文明古国，乡村文化具有丰富的内涵。本节在描述乡村文化历史轨迹的基础上，重点对乡村文化的政策演变进行了梳理。

### 一、乡村文化的历史轨迹

　　文化有着丰富的含义。广义的文化包括价值、道德、习俗、知识、娱乐、物化文化（如建筑等）等，狭义的文化主要包括知识、娱乐等，但贯穿价值、道德、习俗等思想元素。总体上看，文化属于观念形态，是对人的精神的塑造。文化具有特殊的力量，能够提升人的认识，形成相互联结的精神纽带；能够凝聚人心，在共同的文化活动中消解困顿，赋予生活以意义、价值和快乐。中国有着数千年的农业文明传统，并创造了灿烂的农业文明。在漫长的农业文明时代，整个社会是一个以乡土为根基的社会，社会的精神文化体系是以乡土为基础形成的。无论人们走多远，位多高，其"根"在乡村，"魂"在家乡。费孝通先生将传统中国称为"乡土中国"。"乡土中国"的含义不仅仅在于农业生产，还在于整个社会以农为本。社会的农本价值系统为人们生活在农村提供了行为理据，使得人们只有生活在乡村才能寻找到人生的终极目的和意义。

与此同时，乡村自我创造各种各样的文化活动，人们在极具乡土气息的文化活动中，获得辛勤劳作后的快乐，身心获得一定程度的愉悦，乐以忘忧，从而延续自己从事农业生产的人生。传统农村有着丰富的文化生活形态，总体上，乡村文化为乡村生活赋予了价值和乐趣，使得人们愿意在乡村生活和劳作，形成了安于农村生活的习俗，由此创造了丰富灿烂的农业文明。

乡村文化的历史轨迹可以追溯到人类社会的早期。在古代，乡村是人类最初的居住地，人们在乡村中开始耕种、养殖，形成了农耕文明。乡村作为社会的基本单位，孕育了丰富多样的文化传统和生活方式。

随着时间的推移，乡村文化经历了不同的阶段和变迁。

传统乡村社会：在古代和中世纪，乡村社会是农耕社会的核心。人们通过农业生产和手工业活动维持生计，并形成了丰富的农耕文化和传统乡村生活方式。

工业化时代：随着工业革命的兴起，城市化进程加速，乡村社会发生了巨大变化。农业生产方式、社会关系和文化习俗发生了重大转变，乡村人口大量流失到城市。

农村改革开放：中国自改革开放以来，农村发生了深刻的变革。农村经济逐渐向市场化方向发展，农民收入增加，乡村基础设施和社会服务得到改善。同时，乡村文化也在不断演变和传承，涌现出一批乡村作家、艺术家和一系列文化活动。

乡村振兴战略：近年来，乡村振兴成为中国政府的重要战略目标。乡村振兴旨在通过改善农村基础设施、促进乡村产业发展、提升乡村生活品质等措施，实现农村经济的可持续发展和乡村社会的全面进步。

在乡村文化的历史轨迹中，乡村人民的智慧、勤劳和创造力在乡村生活、农业生产、手工艺和传统节日等方面得到体现。乡村文化是中华优秀传统文化的重要组成部分，具有独特的历史、地域和民俗特色，也是保持社会稳定和民族凝聚力的重要力量。

## 二、乡村文化的政策演变

### (一) 农村文化发展定位的演变

农村文化发展的定位在不同历史时期经历了演变和调整。以下是一些主要的演变阶段。

农耕文化阶段：在古代，农耕文化是农村文化的核心。农耕文化强调土地、农业生产、传统农耕技术、农事节庆等，农民的生活和价值观念与土地和自然息息相关。

城乡一体化和乡村振兴阶段：近年来，随着城乡一体化和乡村振兴战略的提出，农村文化的定位发生了新的变化。农村文化被重新定义为传承优秀传统文化、保护农村自然环境、推动农村经济社会发展的重要力量。注重挖掘和传承农村的历史文化遗产，弘扬乡土特色和乡土精神，推动乡村文化的多样性和创新发展。

农村文化产业发展阶段：近年来，农村文化产业的发展受到越来越多的关注。农村文化被看作是促进农村经济发展、增加农民收入、改善乡村居民生活品质的重要动力。农村文化产业包括乡村旅游、乡村文艺演出、传统手工艺品、文化创意产品等，通过挖掘和开发乡村的文化资源，为农民提供更多的就业机会和经济收入。

总的来说，农村文化发展定位的演变体现了社会发展的变迁和政策导向的调整。从农耕文化到社会主义建设再到乡村振兴，农村文化的定位越来越注重乡村的综合发展，注重保护和传承优秀的传统文化，同时也注重挖掘和发展农村的文化产业，为农村经济社会发展注入新的活力和动力。

### (二) 农村文化政策关注的重点

#### 1. 牢牢把握乡风文明意识形态领导权

乡风文明是乡村振兴的灵魂所在。意识形态决定文化前进方向和发展道路。从20世纪80年代到当下持续出台政策用社会主义道德引领农村社会风尚，农民住上了好房子、过上了好日子，还要注意养成好习惯、形成好风气，用社会主义核心价值观占领农村阵地成为党的农村文化政策取向。

### 2. 扎实推进农村文化设施建设

阵地、队伍、活动是文化发展的三个有力抓手，特别是阵地建设作为农村文化发展的基础物质条件。政策一开始就强调制定农村文化设施建设规划，符合文化建设的战略性、全局性、长远性的特征，也符合改革开放初期地方财政实际。阵地是一个抽象的表述，文化中心才是一个实体，中心装哪些内容，安哪些设施，如何发挥这些基层文化公共设施整体效应，村级文化中心是综合性的，乡镇文化中心是区域性的，这都是我们这几十年在发展农村文化过程中逐渐认识并清晰起来的，也是我们"摸着石头过河"改革和建设的探索结果。

### 3. 始终关注农村公共文化服务总目标

业界对公共文化服务的特征认识经历了从"四性"到"三化"的变化，即从21世纪头10年"公益性、基本性、均等性、便利性"的要求转化到当前的公共文化设施和服务"标准化、均等化、社会化"，通过公共文化设施标准化实现文化服务的均等化，通过服务社会化提高服务效益与服务质量。近几年实施的文化惠民工程，对减少民族地区、贫困地区、边远地区的区域文化发展不平衡，保障特殊人群的文化权益起到重要作用，基本解决了看书难、看戏难、看电影难、收听收看广播电视难的问题，成为农村文化建设中的持续话题。

### 4. 长期重视城乡文化统筹发展新途径

长期以来，我国城乡二元结构致使农村文化建设落后于城市文化，滞后于农村广大居民的文化需要。乡村文化是中华优秀传统文化的根和魂，保留着许多中华传统文化优秀的基因，具有城市文化少有的人与自然共生的智慧和价值。随着21世纪中央对农村政策的调整，"工业反哺农业、城市支持农村，实现工业与农业、城市与农村的协调发展"多项措施的落实，城乡文化统筹发展也成为相关文件强调的内容。一方面，文化、科技、卫生"三下乡"体制化、制度化，城市文化工作者支援农村经常化；另一方面，加大农村文化服务总量供给，以公共文化服务设施的标准化推进城乡融合发展，缩小城乡文化发展差距。

### 5. 一以贯之关心农村文化建设的社会力量

政府文化部门是农村文化建设主力军，但改革开放初期基层政府财力有限，从 20 世纪 80 年代开始就出台了"鼓励扶持农村文化设施农业办"政策。农民不仅是农村文化的享受者，也是农村文化设施的建设者。从后来的文件看，农村文化建设的社会力量除了本地农民外，还包括在农村企事业机构和社会组织、本乡本土在外成功人士以及城市文化工作者、文化志愿者等。

### 6. 重新考量农村优秀传统文化传承

在现代化战车碾压下，城市文化遗址、工业文化遗存保护在本次城市进程中大受人们的诟病，因此记载着中华文化基因的农村优秀传统文化保护成为中央政策关注的重点。从 2013 年至 2018 年连续六年，每年中央文件都有对农村优秀传统文化保护与传承的内容。从古村落到古民宅，从农耕文化遗产到好家风好家训，从悠久的风俗习惯到传统的戏剧曲艺，通通纳入保护与传承工程，强化乡村记忆。

### 7. 重视打造农村文化产业

一般的文化产业在城市，而某些特色文化产业却也诞生在农村。通过"文化＋"行动，实施文化与农村、农业、林业、康养、休闲融合发展，实现农民增收、农业增效、农村增美。农村文化产业逐渐成为农村文化建设的经济支撑。

## （三）政策展望

随着中国特色社会主义进入新时代，关于乡村产业振兴、人才振兴、文化振兴、生态振兴等方面有许多新的论断，我们期待不久的将来会有专门部署乡村文化建设工作，而未来农村文化发展政策主要有以下三个趋势。

### 1. 出台农村文化法律

政策与法律并行，是当前中国政治生活实践中的现实问题。随着依法治国的深入推进和"文件治国"的高昂成本、政策低效，出台农村文化发展的法律是必然选择，也是国家治理体系和治理能力现代化的必然要求。因此我们有理由相信未来会很快将《农村文化发展促进法》纳入国家立法进程。

2．颁布乡村文化振兴规划

实施乡村振兴战略，文化兴则国运兴，文化强则农村强。乡村文化振兴，规划先行。乡村文化振兴的指导思想、重要原则、战略目标、主要任务、实施路径等，需要出台更高层次的政策来保障。

3．设计农村文化民主政策

重构农村文化，更多的是学者研究、媒体呼吁、官方支持。因此，农村文化发展中文化民主的政策设计是未来农村文化建设的趋势，做到文化民主基础上的集中和集中指导下的文化民主的有机结合。

# 第二节　乡村文化振兴的实施路径

促进乡村文化振兴，要从提高文化自信与文化自觉、加强农村思想道德建设、丰富符合农民精神需求的公共文化产品供给、培育挖掘乡土文化人才、培育乡贤文化等方面着手。

## 一、提高文化自信与文化自觉

振兴乡村文化首先需要提高文化自信与文化自觉，从中华文明发展史的视角去认识、重构当前的乡村文化。中华文明根植于农耕文明，中华传统文化的主体扎根于乡村。从中国特色的农事节气，到天道自然、天人合一的生态伦理；从各具特色的宅院村落，到巧夺天工的农业景观；从乡土气息的节庆活动，到丰富多彩的民间艺术；从耕读传家、父慈子孝的祖传家训，到邻里守望、诚信重礼的乡风民俗等，都是中华文化的鲜明标签，都承载着华夏文明生生不息的基因密码，彰显着中华民族的思想智慧和精神追求。因此，振兴乡村文化须发掘和总结历史资源，重新审视乡村文化，乡村文化价值的重建，就是以现代人的视角、现代化的眼光对乡村文化的回望和致敬，是当代人对乡村文化的反哺与滋养。在全面建设社会主义现代化国家进程中，必须统筹城乡，注重协调发展，农村与城市是空间上的差异；农民与市民是职业上的区别；农业与工业是产业上的不同。在乡村振兴中，如何让乡土文化回归并为乡村振兴提供动力，如何让农耕文化的优秀菁华成为建构农村文明的底色，是摆在我们面前具有重要现实意义和深远历史意义的时代课题。中华优秀传统文化是我们的根和魂，要重视原有的乡土性文化，实现农村生活文化的保护与自我更新，将其和现代文化要素结合起来，赋予其新的时代内涵，让其在新时代展现其魅力和风采，凸显农村文化建设的价值与意义，与城市文化相映生辉。

## 二、加强农村思想道德建设

农村加强思想道德建设，需要坚持教育引导、实践养成、制度保障三管齐下，采取符合农村特点的有效方式，大力弘扬民族精神和时代精神。

一是要发展和壮大农村党组织，充分发挥其在乡村振兴中的领导作用；党支部书记和村委会主任是乡村的"关键少数"，践行社会主义核心价值观，首先做到公道正派、清正廉洁，身体力行为百姓做好示范；同时，强调加强对农村干部的监督。根据村民自治章程、村务监督意见，加强农村法治建设和协商民主建设。因地制宜推进农村产业发展，完善公共服务，尤其是精准扶贫、精准脱贫，促进农业增效、农民增收和农村繁荣，贯彻社会主义核心价值观。新形势下的各种新型农村合作社等村社集体经济发展，能积极为集体成员解决生产生活中的诸多困难，使集体主义、社会主义思想增长。基层组织与驻村干部应该顺势加强思想引导，增强农民对国家意识形态的认同。

二是应深入挖掘农耕文化蕴含的优秀思想观念、人文精神、道德规范，充分发挥其在凝聚人心、教化群众、淳化民风中的重要作用。所谓

"天下之本在家"，即尊老爱幼、妻贤夫安、母慈子孝、兄友弟恭，耕读传家、勤俭持家，知书达礼、遵纪守法，家和万事兴等中华民族传统家庭美德，是家庭文明建设的宝贵精神财富。村规民约、风俗习惯是乡村治理的重要载体，也是乡村文化建设的重要手段。传统的乡村文明是有纲领、有价值观基础、有内在灵魂的，其倡导孝父母、敬师长、睦宗族、隆孝养、和乡邻、敦理义、谋生理、勤职业、笃耕耘、课诵读、端教诲、正婚嫁、守本分、尚节俭、从宽恕、息争讼、戒赌博、重友谊等内容。这些乡风乡箴，均是从孝扩展到忠，从家扩展到国，是一个完整的文化谱系。乡村通过族群认同达至国家认同，维系乡村社会和谐稳定。以王阳明《南赣乡约》、朱熹《朱子家礼》等为代表的乡约圭臬，曾在传统乡村社会治理中发挥了不可替代的作用。我们要依托中华优秀传统文化，挖掘农村传统道德教育与乡规民约资源，重建社会主义核心价值观支撑的乡规民约和乡村道德体系，实现乡村自治、法治与德治相结合，构建乡村良性发展秩序。

三是要积极加强科学世界观和无神论宣传教育，普及科学知识，抵制各种迷信活动，提高群众的科学文化素质。强化其积极因素，积极引导信教公民热爱祖国、热爱人民，维护祖国统一，维护中华民族大团结和社会主义公德，遵守国家法律法规，自觉接受国家依法管理。

## 三、丰富符合农民精神需求的公共文化产品供给

乡村急需补齐文化短板，完善文化基础设施，公共文化资源重点向乡村倾斜，为农民群众提供更多更好的农村公共文化产品和服务，让健康的公共文化生活填补农民群众的闲暇时间，在文化实践中丰富农民精神文化生活。文化供给要有效利用乡土文化资源，重内涵、重品质、重效果。比如，在浙江不少农村，结合当地传统民俗文化来建设农村文化礼堂，将闲置的传统的旧祠堂、旧戏台利用，翻修改造成文化礼堂。这些文化礼堂，不仅有村史乡约的介绍，而且经常举办文娱、宣讲、礼仪、议事、美德评比等活动，为农村群众打造集思想道德教育、文体娱

乐、知识普及于一体的活动乐园和精神家园，成为当地新的文化地标。乡村的公共文化场所首先应该是吸引老百姓去的活动场所。广泛开展农民乐于参与的群众性文化活动，占领和巩固广阔乡村的思想文化阵地。一些地方通过建立庄户剧团、成立曲艺班社、组织歌舞竞赛、经营杂技场子、参与节日游艺、倡导体育健身，寓教于乐。散发着浓郁乡土气息的地方戏是乡村文化的重要载体，讲的是当地老百姓生活中的人和事，剧中人物的语言、行为方式等也带有浓郁的地方特色，有着其他艺术门类无可比拟的亲民性与生动性，是百姓重要的精神食粮，理应当好乡土文化的表达者，为乡村振兴注入文化动能。对具有生命力的地方戏进行必要的梳理、提炼与再创造，从乡土生活积累丰富的创作素材，表现好当代中国乡村的面貌，讲述好当代中国乡村的故事，激励农民群众投身变革时代的中国乡村建设。要鼓励农民种好自家门口的"文化田"，将本地的剧、曲、舞、乐、歌等作为娱乐审美的主要手段和精神生活的重要依托，收获属于农民群众自身的快乐。起源于浙江丽水的乡村春晚是一个范例。它是春节期间农村群众自办、自编、自导、自演的一台联欢晚会。这个不乏现代气息的农家秀，弘扬了社会主义核心价值观，聚人气、接地气，是传承农村优秀传统文化，锻造农民的文化自觉和文化自信的重要抓手。在文化和旅游部的大力推动下，乡村春晚开展了"百县万村"大联动。

农村普及的大众媒介以电脑、智能手机和电视为主。为打通基层信息传播的"最后一公里"，激活农村的"神经末梢"，党中央加强农村网络基础设施建设，铺设组织化"信息公路"。针对农村文化信息量严重不足，一些农村地区尝试建立以村民为基本单位的QQ群、微博、微信公众号和APP等平台，以实现村干部与村民之间的网上交流，这既构建了党建统领、共建共享的农村治理新体系，又丰富了文化建设内容。

## 四、培育挖掘乡土文化人才

农村是文化资源的宝库，需要深入挖掘、继承、提升优秀传统乡土文化。一是留住具有农耕特质、民族特色、地域特点的乡村物质文化遗产，加大对古镇、古村落、古建筑、民族村寨、家族宗祠、文物古迹、革命遗址、农业遗迹、灌溉工程遗产等的保护力度。二是要让活态的乡村文化传下去，深入挖掘民间艺术、戏曲曲艺、手工技艺、民族服饰、民俗活动等非物质文化遗产，并把有效的保护传承与适当的开发利用有机结合起来。这些具有地域特色差异化的文化遗产、乡土风情，提升地方的文化品位、发展格调、知名度、美誉度，是特色文化产业的重要资源，也是农民增收的重要渠道。

造福乡民需要文化人才。为解决乡村文化建设人才短缺问题，需要大力培育挖掘乡村文化建设的主体。一是鼓励大学生村官、"第一书记"等驻村干部参与文化建设。国家有关部门应在文化支农渠道搭建、内容引导、统筹组织方面给予引导和帮助，以便他们更好地开展、协调农村文化活动。二是有计划地培养当地的"草根文化队伍"，为农村群众文化事业发展注入新鲜血液。乡村文化建设绝非简单的输入，而需要在田野上、村庄中找回文化发展的内生动力，这就要充分发挥广大农民作为文化建设者的主体作用，焕发文化建设的热情，在文化建设中增强文化认同感。文化传承与创新是教育的一项重要职能，应将"非遗"纳入所在地学校教学体系，融入学生的兴趣活动中，进行有计划的系统宣传和普及，探寻有效传承之道，培育文化遗产传承的土壤与人才。三是要借助社会力量，不仅让他们送文化，而且还要"种文化"。鼓励文艺工作者深入农村、贴近农民，推出具有浓郁乡村特色、充满正能量、深受农民欢迎的文艺作品；更要用政策引导以企业参与、对口帮扶、社会合作的形式，让企业家、文化工作者、科普工作者、退休人员、文化志愿者等投身乡村文化建设，形成可持续的农村文化建设力量。

## 五、培育乡贤文化

所谓乡贤，主要指乡村中德行高尚，在当地具有崇高威望的贤达人士。中国从宋代开始，乡贤主导乡村治理。在传统社会中，乡贤文化集中体现了乡村的人文精神、道德风范。乡贤文化在民风淳化、激发乡土情感、维系集体认同感等方面起着无可替代的作用，它所蕴含的文化道德力量对推动乡村文明发展具有重要作用，因此，从政府到社会，应大力倡导培育乡贤文化。一是重视历史上的先贤，把乡贤故居、遗址等纳入乡村文物保护范畴，挖掘当地乡贤故事，增强当地人民群众的文化自豪感，继承先贤精神，传承好家风、乡风。二是要积极培育和争当新乡贤，培育新乡贤文化，引导乡村社会见贤思齐、见德思义，促进新乡贤成为乡村振兴中的正能量。目前，德高望重的退休还乡官员、耕读故土的贤人志士、农村的优秀基层干部、家乡的道德模范和热爱家乡、反哺桑梓的企业家等都可以纳入"新乡贤"范畴。地方政府可搭建乡贤议事平台，建立乡贤联络机制，畅通乡贤与乡村信息的互联互通，激发乡贤参与乡村建设的内驱动力。

新时代乡村文化振兴的举措在大力改变乡村文明被不断边缘化的格局。乡村文化振兴决定着乡村振兴的效果、我国全面建成小康社会的成色和社会主义现代化的质量。这是一盘大棋，需要进行精心的顶层设计，需要政府、社会、农民群众的合力作为，需要扎扎实实、持之以恒的工作作风，尤其是要引导农民树立文化自信与文化自觉，形成文化的自我觉醒、自我反省、自我创建的意识，成为乡村文化建设创新的中坚力量，以实现文化自强。如此，乡村文化的振兴才有可能。

# 第四章　构建乡村治理新体系

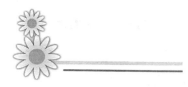

## 第一节　乡村组织振兴的内涵及意义

组织振兴是乡村振兴的根本保障。推进乡村组织振兴，要强化农村基层组织的领导核心作用，进一步加强和改善党对"三农"工作的领导，加快完善乡村治理机制，为乡村振兴提供强大的组织保障。

### 一、乡村组织振兴的内涵

乡村组织振兴的核心就是要加强农村基层党组织建设，建设好农村基层党组织带头人队伍，加强农村基层党组织对乡村振兴的全面领导，健全自治、法治、德治相结合的乡村治理体系，提高乡村治理能力，让乡村社会充满活力，具有自我管理和自我服务能力，确保广大农民安居乐业、农村社会安定有序。乡村组织振兴主要体现在以下三方面。

（一）基层党组织建设

党支部是党在社会基层组织中的战斗堡垒。村党支部全面领导隶属本村的各类组织和各项工作，围绕实施乡村振兴战略开展工作，组织带领农民群众发展集体经济。贫困村党支部应当动员和带领群众，全力打赢脱贫攻坚战，全面建成小康社会。

（二）村庄治理机制

村民委员会是村民自我管理、自我教育、自我服务的基层群众性自治组织，由主任、副主任和委员三至七人组成，实行民主选举、民主决策、民主管理、民主监督，村民委员会每届任期五年。村民委员会通过组织村民会议、村民代表会议等讨论决定涉及村民利益的诸多事项。村民委员会实行村务公开制度，接受村民的监督。同时，村务监督委员会或其他形式的村务监督机构负责村务决策和公开、村级财产管理、村工程项目建设、惠农政策措施落实、农村精神文明建设等制度的落实。

### （三）农村集体经济组织

农村集体经济组织源于农业合作化运动，是指在自然乡村范围内，由农民自愿联合，将其各自所有的生产资料（土地、较大型农具、耕畜）投入集体，由集体组织农业生产经营的经济组织。农村集体经济组织既不同于企业法人，又不同于社会团体，也不同于行政机关，有其独特的政治性质和法律性质。农村集体经济组织是除国家以外唯一一个对土地拥有所有权的组织，通过行使经营权，可激发村民参与村庄治理的主动性、积极性。

## 二、乡村组织振兴的基础

未来的中国乡村治理，一定是建立在乡土社会传统治理理念基础上的、基于乡土社会内生性特点并有机融合现代农村治理结构的一套"多元化乡村治理模式"。

### （一）治理主体的多元化

乡村治理主体由"一元"向"多元"转变。改革开放前期，乡村治理是"党的单一化领导"治理下的政府专权和管制，这种方式有利于国家和社会稳定。以党政分开为突破口，乡镇政府成为相对独立的主体，参与乡村治理过程，给予乡村社会力量更大的发挥空间。此后，乡村治理从政府作为单一权威的管制主体，逐渐向政府、民间社会组织及村民个体等多元治理主体的现代化格局过渡，主体间也出现互动化、合作化趋势。

## （二）治理目标的服务性

"建设服务型政府"是政府建设的目标。广大村民群众对公共服务的需求越来越多元化，如农民工的返乡创业问题、农业的水利设施兴建问题、留守老弱妇孺的社会问题等一一摆在乡镇政府面前，过去单一化、随意式的供给模式已经无法满足其当前需求，因此对基层政府的服务职能提出了更高的要求。在此背景下，乡镇政府开始重新定位并且逐渐转变自身职能，对自身的权利与义务有了更清楚的认知。在乡村治理过程中更加以民为本，将村民群众的实际需要作为工作的出发点，努力践行为民服务原则，积极履行自身的服务职能，为乡村社会提供越来越多满足实际所需的公共服务。

## （三）治理过程的民主化

乡村所有的重大决策都应该由人民来投票，而不是自上而下做出决策。乡村自治组织的民主化程度越来越高，村民议事会制度不断完善，避免了村委会"拍脑袋"决策的尴尬局面，同时可以提高村民自治的民主性。

## （四）农村合作组织地位不断提升

农村合作组织是提升农村组织化程度、提升农民民主意识的重要平台，它在乡村治理中的地位不断提升。只有通过合作社，农民才会知道如何沟通、如何在理事会和社员大会上提出意见、如何通过用手投票的方式来互相制约和监督，才会知道如何讨价还价、如何在集体决策中妥协、如何跟对方谈判，这是民主的精髓。

## （五）乡村治理法治化

乡村基层治理法治化是建设法治社会的基础环节。构建法治社会离不开乡村的法治架构；乡村市场化的兴起和发展要求乡村基层治理法治化作为保障；乡村基层治理法治化是推进乡村民主实践的坚实根基，乡村社会所有政治运动都要以遵守宪法和法律为首要原则；营造法治大环境与民主氛围是乡村治理法治化建设的重要目标。

## 三、乡村组织振兴的意义

随着国家对"三农"问题的重视，乡村经济在一定程度上得到了快速发展。但是，在乡村政治治理方面，出现了社会建设与经济发展不同步的局面，农村空心化问题造成了治理力量不足，传统的管理方式满足不了乡村现代化建设的需要，乡村人口结构重塑带来多元化利益诉求差异。在这样的形势下，寻求乡村组织振兴路径迫在眉睫。

（一）组织振兴有利于乡村的稳定、平安、和谐

乡村作为一个完整的社会系统，其稳定取决于组织要素结构的稳定。组织振兴要求法治、德治、自治"三治融合"，严守法律红线、道德底线，强化理想信念和社会主义核心价值观教育，要用科学的理论武装人、正确的舆论引导人、先进的文化塑造人。强化民主自治的法规、制度建设，运用法规、制度管事、管人，能够通过系统自身的力量纠正错误，保证社会的稳定。组织振兴代表着具有较高的社会综合治理水平、应急处置能力和水平，有利于对社会各类风险的防范，实现乡村平安。组织振兴可以满足成员诉求渠道的畅通、应答的及时、满足的有效，可以解决在利益多元的社会里相互之间的矛盾、彼此之间的竞争、不同利益之间的碰撞，以及价值观的差异和处事方式的不同引发的社会不和谐。

（二）组织振兴有利于乡村依法、有序、健康发展

组织振兴的乡村积极落实开展普法教育工作，推进依法治理，严格依法办事，强化依法维权，牢固树立"无法不美、无法不稳、无法不富、无法不可持续"的理念，有利于乡村依法发展。

坚持以人民为中心的发展理念，满足人民对美好生活的需要是乡村组织振兴的根本目标。组织振兴坚持系统、整体、协调的发展论，把握主要矛盾、突出关键环节、聚集主攻方向，可以实现乡村有序发展。组织振兴可以营造良好的发展环境、良好的市场秩序，推进乡村经济、社会的健康发展，实现乡村振兴。

（三）组织振兴有利于人民权益的确定、实现和保障

保障人民群众的权益及其实现，是社会治理的重要内容。在很大程度上，法治是人民权益确定、实现和保障的主要渠道。组织振兴要从乡村的实际和发展需要出发，对涉及农村常住居民的基本权益的法律法规、条例和行政决定进行梳理，突出法定权益的统一性、赋予权能的充分性、权益实现的平等性、权益保障的有效性。同时，组织振兴要求严格依法办事、高度重视维权和护权，以确保权益的充分实现。

# 第二节　打造坚强的农村基层党组织

要推动乡村组织振兴，打造千千万万个坚强的农村基层党组织，培养千千万万名优秀的农村基层党组织书记，深化村民自治实践，发展农民合作经济组织，建立健全党委领导、政府负责、社会协同、公众参与、法治保障的现代乡村社会治理体制，确保乡村社会充满活力、安定有序。党的力量来自组织，组织能使力量倍增。实施乡村振兴战略，实现"农业强、农村美、农民富"，必须提升组织力，要把农村基层党组织建设成宣传党的主张、贯彻党的决定、领导基层治理、团结动员群众、推动改革发展的坚强战斗堡垒。

## 一、坚持党管农村工作

党和国家陆续出台了一系列关于农村改革的政策措施。党在农村政策不断改革调整的过程就是基层党组织不断带领广大农民致富的过程。改革开放多年来，党一直致力于农村扶贫开发工作，不断实现广大农民脱贫致富。扶贫方略由以县域为单位到以村再到以户为单位转变，从大水漫灌式的扶贫到精准扶贫、精准脱贫，从"输血"式扶贫到"造血"式扶贫，将扶贫同"扶志""扶智"相结合，坚决打赢脱贫攻坚战。通过党中央一系列政策的调整，基本满足了农村贫困人口对物质方面的需求，正在朝着美好生活需求而奋斗，继而为全面建成小康社会而奋斗。

## 二、加强农村基层党组织建设

《中共中央　国务院关于实施乡村振兴战略的意见》指出，要"加强农村基层党组织建设。扎实推进抓党建，促乡村振兴，突出政治功能，提升组织力，把农村基层党组织建成坚强战斗堡垒。强化农村基层党组织领导核心地位"。农村基层党组织执政能力的强弱将直接关系到农村的改革、发展和稳定，关系到党在农村基层执政地位的巩固，关系到乡村振兴能否实现。因此，要切实提升它在乡村振兴战略中的引领功能。

### (一) 强化政治引领功能

农村基层党组织是党在农村全部工作的基础，是党联系广大农民群众的桥梁和纽带。乡村振兴战略，是顺应新时代农村经济社会发展、符合广大农民心愿的战略设计。

在新时代，农村基层党组织建设面临着新的挑战和任务，需要进一步加强党的组织建设、党员队伍建设、党员教育培训等方面的工作。加强新时代农村基层党组织建设，可以更好地发挥党组织的战斗堡垒作用和党员的先锋模范作用，为推动乡村振兴战略和农村发展做出积极贡献。

农村基层党组织是农村各项工作的领导核心，农村经济社会发展各方面的重要工作、重要问题，都要由党组织在广泛征求意见的基础上讨论决定、领导实施。要牢固树立党的一切工作到支部的鲜明导向，焕发出农村基层党组织强大的战斗力、凝聚力和号召力。切实把为民、务实、清廉和致力于农村经济社会发展的价值追求贯彻落实到每一个农村党员的思想和行动中，使农村基层党组织和党员干部始终保持昂扬的精神状态和艰苦创业的斗志，团结带领农村群众坚定不移跟党走，推动乡村振兴战略在农村落地生根。组织党员在议事决策中宣传党的主张，执行党组织决定。组织开展党员联系农户、党员户挂牌、承诺践诺、设岗定责、志愿服务等活动，推动党员在乡村治理中带头示范，带动群众全面参与。密切党员与群众的联系，了解群众思想状况，帮助群众解决实际困难，加强对特殊人群的关爱服务，引导农民群众自觉听党话、感党恩、跟党走。

## （二）提升思想引领功能

农村基层党组织是确保党的路线方针政策在农村得到贯彻落实的领导核心，在执行中央和各级党组织的决策部署中起着组织者、推动者的作用，必须切实提高思想引领功能，坚决把党的主张和决定传达到基层、落实在一线。

引导广大基层干部牢固树立"四个意识"（政治意识、大局意识、核心意识、看齐意识），加强政治教育、政策学习，全面提升基层党员干部的学习本领、改革创新本领、群众工作本领和狠抓落实本领，确保能干事、能成事，不折不扣地把党的主张向群众说清楚、讲明白，并用群众喜闻乐见的方式开展宣传教育，真正让群众了解乡村振兴战略出台的背景、目的和意义，使党在农村的各项工作部署得到群众的拥护和支持。

加强农村思想文化阵地建设，深入实施公民道德建设工程，挖掘农村传统道德教育资源，推进诚信建设，深入挖掘传统农耕文化中蕴含的优秀思想观念、人文精神、道德规范，以凝聚人心、教化群众、淳化民风。坚持吃透上情、摸透村情、体察民情、挥洒真情，用一把钥匙开一把锁，把思想政治工作做到群众的心坎上，帮助他们在思想上解惑、精神上解忧、文化上解渴、心理上解压，以真诚赢得信任，以党建凝聚人心、带领农民一心一意谋发展、全心全意奔小康，在解决好"富口袋"的同时，解决好"富脑袋"的问题。

## （三）加强组织引领功能

农村基层党组织是农村各种组织的领导核心，无论是行政组织、经济组织、群众自治组织，还是各类社会组织、服务组织，都要在党组织领导下开展工作。在推进乡村振兴战略中，农村基层党组织的组织引领作用尤为重要。

创新村级党组织设置，大力开展"联村党组织"建设，加大强村带弱村、富村带穷村、大村带小村等"村村联建"设置力度；扩大农村基层党组织覆盖面，在以建制村为主设置党组织的基础上，在专业合作社、专业协会、农业龙头企业、农业示范基地、农业产业链、外出务工经商党员集中地全面建立党组织。

"火车跑得快，全靠车头带。"选好配强一个坚强有力的农村基层党组织领导班子，对推动基层党建工作和农村群众工作至关重要。建立选派"第一书记"工作长效机制，实施农村带头人队伍整体优化提升行动，注重吸引高校毕业生、农民工、机关企事业单位优秀党员干部到村任职，选优配强村党组织书记。要把基层党组织建设成坚强的战斗堡垒，充分发挥广大党员、干部先锋模范作用，夯实乡村振兴的基层组织建设和干部人才支撑。健全从优秀村党组织书记中选拔乡镇领导干部、考录乡村机关公务员、招聘乡镇事业编制人员制度。

加强党组织在农村发展中的领导和组织作用，引导和推动乡村振兴战略的实施，具体包括以下几个方面。

①加强党组织建设：党组织是农村工作的领导核心，要加强党组织的组织力量和战斗力，提高党组织在农村中的凝聚力和战斗力。

②制定和实施农村发展规划：党组织要牵头制定乡村振兴战略和相关规划，明确发展目标和路径，统筹协调各项工作。

③推动产业发展和农民增收：党组织要引导农村产业结构调整，推动农村经济发展，提高农民收入水平，促进农村居民脱贫致富。

④强化组织联络和沟通：党组织要加强与政府、企业、社会组织等的联系和合作，形成多方合力，共同推动农村发展。

⑤加强干部队伍建设：党组织要加强对农村干部的培养和管理，提高干部的专业能力和素质，为农村发展提供有力的人才支持。

⑥通过加强组织引领功能，党组织可以更好地统筹农村各项工作，推动农村经济社会的全面发展，实现乡村振兴的目标。

### 三、整顿软弱涣散的村党组织

基层党组织是党联系群众的桥梁和纽带，是党开展工作的出发点和落脚点。整顿软弱涣散的村党组织，有利于增强党员干部的服务意识和能力，密切党群干群关系，充分发挥基层党组织的战斗堡垒作用。

（一）摸清底数、周密部署

要坚持问题导向，全面开展实地调研，深入了解村级组织领导、队伍建设、工作机制、工作业绩和群众反映等方面的问题，采取对照标准"查"、民意调查"评"、聚焦问题"排"和综合分析"定"相结合的办法，找准软弱涣散党组织，逐一登记造册。对软弱涣散和后进村党组织，县、乡要抽调"精兵强将"，重点分析软弱涣散的深层原因，研究制定整顿方案，明确具体整顿时限，以"踏石留印、抓铁有痕"的劲头推动整顿工作扎实开展。

（二）"对症下药"、精准施策

采取因地制宜、分类施治、先易后难、一个党组织一个对策的方式，科学制定整顿方案，明确整改内容、具体时限、整改进度及工作责任，确保做到整顿对象、措施、时限、责任、效果"五明确"，帮助软弱涣散和后进村党组织"挺直腰板"、重焕活力。

（三）强化责任、严格督查

各级党组织书记要履行好抓党建第一责任人职责，县一级党委书记要加强领导、高位推动，乡镇党委书记要当好"指战员"，帮扶队员要真正发挥"工作队"的作用。要建立整顿治理工作跟踪问效机制，实行整顿转化销号制度。组织部门要紧盯关键环节、重难点村，不定期对整顿工作进行督导检查，通过实地暗访、专项调研、电话抽查等方式，对整顿工作督导问效。切实保证整顿工作用真劲、动真格、见真效，确保村党组织全面进步、整体提升。

# 第三节 健全自治法治德治相结合的治理体系

健全乡村治理体系，不仅需要以加强自治建设为核心，还需要法律和道德共同发挥作用。以自治为核心，需要以法治划定有限政府的权力界限，确保乡村自治在法治轨道上顺利实现；需要在德治提供的情感基础上主动维护良好的自治秩序。

## 一、深化村民自治实践

自古以来，自治一直是我国乡村地区的主要治理模式。自治是乡村治理的基础，是调动村民参与乡村事务的主要手段，因此要加强农村基层群众自治组织建设，健全和创新村党组织领导的充满活力的村民自治机制。

### （一）完善村民自治制度

村民自治制度是能够体现村民意志、保障村民权益、激活农村活力的中国特色社会主义民主政治的重要组成部分。新的时代背景下，要深入实施《中华人民共和国村民委员会组织法》，完善农村民主选举、民主决策、民主协商、民主管理、民主监督制度，实现选举的制度化、流程化、公开化、便捷化，鼓励村党组织书记通过选举担任村委会主任。村民委员会要统筹处理乡村事务，实现政府治理和社会调节、居民自治良性互动，形成有效的社会治理。

在"四议两公开"的基础上，创新推行"六议两公开"工作法。"四议"指村党支部提议、村两委会商议、党员大会审议、村民代表大会或村民会议决议。"两公开"是指决议公开、实施结果公开。在"四议两公开"的基础上，增加"动议"和"民议"环节。"动议"要求村干部提出的议题，必须来源于年初计划、上级安排和村情民意；"民议"就是就审议环节通过的事项及时由村民代表入户征求村民意见，进行沟通协商。专门设计了统一的"表决票"：每个户代表的意见签字表印在一面，汇总表和村民代表表决意见印在另一面，要求村民代表的表决意见和多数人意见一致。杜绝了村民代表弄虚作假、"不代表民意"问题。通过这种工作方法，健全民主协商的决策规范，变过去村干部"替民做主"为真正的老百姓"既当家又做主"。

为了实现村级事务公开经常化、制度化和规范化，全面实施村级事务阳光工程，完善党务、村务、财务"三公开"制度。梳理村级事务公开清单，及时公开组织建设、公共服务、脱贫攻坚、工程项目等重大事项。健全村务档案管理制度，推广村级事务"阳光公开"监管平台，支持建立"村民微信群""乡村公众号"等，推进村级事务即时公开，加强群众对村级权力的有效监督。规范村级会计委托代理制，加强农村集体经济组织审计监督，开展村干部任期和离任经济责任审计。

面对村级组织承担的行政事务多、各种检查评比事项多等问题，为了切实减轻村级组织负担，规范村级组织工作事务，各级政府机构原则上不在村级建立分支机构，不得以行政命令方式要求村级承担有关行政性事务。交由村级组织承接或协助政府完成的工作事项，要充分考虑村级组织承接能力，实行严格管理和总量控制。从源头上清理规范上级对村级组织的考核评比项目，鼓励各地实行目录清单、审核备案等管理方式。规范村级各种工作台账和各类盖章证明事项。推广村级基础台账电子化，建立统一的"智慧村庄"综合管理服务平台。

## （二）村民自治体适度下沉

村民自治体适度下沉符合社会治理规律，能够使农村管理资源得到充分利用，能够有效降低农村社会治理成本，是村民自治的有效实现形式。

原则上，村民自治体适度下沉的程度应该参考多数农民的意见确定。大体上，自治体设置下沉后，人口覆盖数量以上限不超过 300 人、下限不低于 100 人为宜，不同地区可以根据自身的实际情况进行操作。自治机构不必一定与集体经济实际行使单位在区域与人口覆盖范围上相一致，实施政经分开。已经挂牌居民委员会，且大多数居民不再务农的社区，可取消村民委员会，相关机构设置按《中华人民共和国城市居民委员会组织法》的规定办理。

### (三) 积极发挥新乡贤的作用

新乡贤是指那些守法纪、有品行、有才华、有意为家乡社会文明进步做出贡献的人。新乡贤是政府和群众之间的联系纽带，是乡村治理的参与者、监督者，是道德教化的示范者与引领者，也是乡土文明的继承者与发扬者。

发挥新乡贤作用，必须以改革创新的精神，拓展新思路。要借助新型城镇化和农业现代化的契机，建立健全城乡一体的公共服务机制，消除城乡诸如医疗等社会保障体系的分割、封闭障碍，做到社会保障联网，全国一盘棋，解决新乡贤看病难、报销难的问题，方便新乡贤回乡工作生活。

增强社会认同感，培育和构建新乡贤存在与发挥作用的社会风气。搭建鼓励、支持、引导新乡贤发挥作用的平台，县乡应采取措施，通过一定形式、程序对返乡新乡贤实行荣誉聘任、宣传报道，增强社会对他们存在的认可；对于新乡贤的工作及贡献应采取灵活多样的形式进行表彰和奖励，以增加他们的荣誉感和成就感，培育有才智、有威望、扎根乡村的新乡贤。基层组织要建立监督和约束机制，把新乡贤活动引导入法治渠道。创建新乡贤信息联络平台。积极创造良好条件，使在外的乡贤以各种方式支持家乡建设。可以利用新媒体、自媒体等方式进行信息沟通、广开言路，可以采用走访、慰问、联谊等方式赢得他们的理解和支持，以不同的方式实现资金、技术、企业、人才回流，为共同建设新农村提供有效资源。搭建新乡贤引领和培育乡风文明平台。农村思想道德建设、科技文化建设需要多管齐下。新乡贤作为新生力量，要发挥多种作用，可以充当科技文化教习员、矛盾纠纷调解员、法律政策宣讲员、政府组织调研员等。县乡村要搭建新乡贤引领、培育乡风文明平台，使新乡贤通过歌舞表演、民俗活动、节庆活动、调查走访、撰写口述史等形式，传承中华传统文化、传播先进文化、培育和弘扬社会主义核心价值观，使乡风文明得到弘扬。

## （四）加强农村社区治理创新

创新农村社区、社会组织、社会工作"三社联动"模式，充分调动三者力量，强化农村社区自治能力，激发社会组织活力，壮大社会工作队伍。创新基层治理机制，整合优化公共服务和行政审批职能，鼓励各地制定农村社区基本公共服务清单，推进社区服务规范化、标准化，打造"一门式办理""一站式服务"的综合服务平台。发挥互联网等现代信息技术对农村治理的提升作用，在农村社区普遍建立网上服务站点，实现网上办、马上办，做到全程帮办、少跑快办，逐步形成完善的乡村便民服务体系。大力培育服务性、公益性、互动性农村社会组织，积极发展农村社会工作和志愿服务。促进流动人口有效参与农村社会服务管理，吸纳非户籍人口、社会组织、驻村单位等参与农村社区公共服务和公益事业的协商。健全利益相关方参与决策机制，维护外出务工居民在户籍所在地农村社区的权利。集中清理上级对村级组织考核评比多、创建达标多、检查督查多等突出问题。

# 二、建设法治乡村

建设法治乡村是乡村振兴战略的内在要求，是乡村振兴战略不可分割的组成部分。建设法治乡村必将为乡村振兴提供强有力的立法、执法、司法、守法保障，进而助推乡村振兴战略的实施。乡村治理中应该坚持以法治为本，树立依法治理理念，强化法律在维护农民权益、规范市场运行、农业支持保护、生态环境治理、化解农村社会矛盾等方面的权威地位。

## （一）深入开展法治宣传教育

法治宣传教育是实施乡村振兴战略的保障，对于促进农村经济社会健康稳定和谐发展具有十分重要的意义。在乡村开展法治宣传教育，应该着重增强基层干部法治观念、法治为民意识，将政府涉农各项工作纳入法治化轨道。采取分级培训、巡回讲座、案例教育、经验交流、树立典型等方式，加大对乡镇党政"一把手"、农村"两委"主干、农村第一书记、大学生村官、村务监督委员会主任的法治培训与定期轮训，提高乡村干部法治素养。还要不断加大农村普法力度，提高农民法治素养。以"法律进乡村"为载体，利用传统媒体和新兴媒体开展多样化的普法宣传，通过市（县）广播电视、村广播站、开辟宣传栏、建设法治文化大院（广场、街道）等途径和发放宣传资料、召开村民会议宣讲、用身边人身边事以案说法、拍摄普法微电影、制作法治动漫等方式，开展经常性法治宣传教育，引导村民学法、懂法、守法、用法，运用法律手段和方式解决问题。

## （二）完善乡村法律制度

随着依法治国进程的推进和农村改革的逐步深入，应当说，在我国，一个以《中华人民共和国宪法》为依据，以《中华人民共和国农业法》为基本法，以行政法规、部门规章和地方性法规为主体，以农业相关法律为补充的农业法律制度体系已经基本建立，它对我国农村社会经济的发展起到了重要的推动和保障作用。但是，也应该看到，目前农村的法治状况仍然不能适应深化农村经济改革、完善农村经济体制和建设美丽乡村的要求，为此，应该加快完善农业农村法律体系，健全农村产权保护、规范农业市场运行、支持保护"三农"等方面的法律制度，把政府各项涉农工作纳入法治化轨道，保障农村改革发展。依法明晰基层政府与村民委员会的权责边界，促进基层政府与基层群众自治组织有效衔接、良性互动。依法明确村民委员会和农村集体经济组织工作以及各类经营主体的关系，维护村民委员会、农村集体经济组织、农村经济合作组织的特别法人地位和权利。深入推进综合行政执法改革向基层延伸，创新监管方式，推动执法队伍整合、执法力量下沉，提高执法能力和水平。建立健全乡村调解、县市仲裁、司法保障的农村土地承包经营纠纷调处机制。加快建立乡村公共法律服务体系，扩大基层法律工作者队伍，落实"一村（社区）一法律顾问"制度。深入开展法治县市、民主法治示范村等创建活动，深化农村基层组织和部门、行业等多层次、多领域的依法治理。

## （三）加强农村法律服务供给

加强农村法律服务供给是指为农村居民提供更加全面、便捷和高效的法律服务，保障农村居民的合法权益，促进农村社会的稳定和发展。具体措施包括以下几个方面。

①建设法律服务网络：建立健全农村法律服务网络，包括设立农村法律服务站点、法律援助中心、农村法律服务窗口等，为农村居民提供法律咨询、法律援助、法律培训等服务。

②培养法律人才：加强农村法律人才培养，培养更多的农村律师、法律工作者和法律志愿者，提高他们的法律专业素养和服务能力，确保农村居民能够获得专业的法律帮助。

③提供法律援助：建立健全农村法律援助制度，确保农村居民在经济困难、诉讼纠纷等情况下能够享受到法律援助，解决法律问题。

④加强法律宣传教育：开展农村法律宣传教育活动，提高农村居民的法律意识和法律素养，引导他们依法行事，维护自身权益。

⑤加强农村司法资源配置：增加农村法院和法律服务机构的数量和力量，合理配置司法资源，确保农村居民能够方便地接受司法保护和解决法律纠纷。

加强农村法律服务供给，可以提高农村居民的法律意识和法律素养，促进社会公平正义，维护农村社会的稳定和谐。

# 三、提升德治水平

在社会实践中，人们约定俗成的规范就是道德，道德约束着人们的行为，规范着人与人之间以及人与社会之间的相互关系。打造良好的乡村道德环境，是社会和平稳定的基础。在乡村治理中，应该坚持德治为先，以德治滋养法治、涵养自治，让德治贯穿治理全过程。

## （一）强化道德教化的积极作用

中华民族有道德教化的传统美德。教化，就是教育感化，道德教化就是通过道德教育感化民众、敦厚民风。乡村治理中应该发挥道德引领作用，深入挖掘乡村熟人社会蕴含的道德规范，结合时代要求进行创新，引导农民向上向善、孝老爱亲、重义守信、勤俭持家。弘扬崇德向善、扶危济困、扶弱助残等传统美德，培育淳朴民风。开展好家风建设，传承传播优良家训。推广道德评议活动，建立道德激励约束机制，引导农民自我管理、自我教育、自我服务、自我提高，实现家庭和睦、邻里和谐、干群融洽。广泛开展好媳妇、好儿女、好公婆等评选表彰活动，开展寻找最美乡村教师、医生、村干部等活动。深入宣传道德模范、身边好人的典型事迹，弘扬真善美。建设新乡贤文化，以乡情为纽带，以优秀基层干部、道德模范、身边好人的行为示范引导，培育新型农民，涵育文明乡风。深入实施公民道德建设工程，加强社会公德、职业道德、家庭美德和个人品德教育。大力开展文明村镇、农村文明家庭、星级文明户、五好家庭等创建活动。

## （二）发挥村规民约的作用

村规民约作为非正式制度的重要组成部分，自改革开放伊始，就作为村民治理的重要规范形式而备受国家推崇，然而，村规民约在村民自治不断发展和完善中的作用却日渐弱化，大部分村庄的村规民约形同虚设，既没有起到补充的作用，也没有发挥自身应有的规范作用。在未来的乡村治理中，应该充分发挥村规民约在解决农村法律、行政、民事纠纷等领域突出问题中的独特功能，弘扬公序良俗，促进自治、法治、德治有机融合。加强村规民约建设，强化党组织领导和把关，实现村规民约行政村全覆盖。依靠群众因地制宜地制定村规民约，提倡把喜事新办、丧事简办、弘扬孝道、尊老爱幼、扶残助残、和谐敦睦等内容纳入村规民约。以法律法规为依据，规范完善村规民约，确保制定过程、条文内容合法合规，防止一部分人侵害另一部分人的权益。建立健全村规民约监督和奖惩机制，注重运用舆论和道德力量促进村规民约有效实施，在符合法律法规的前提下运用自治组织的方式进行合情合理的规劝和约束。发挥红白理事会等组织作用。鼓励地方建立农村党员干部等行使公权力的人员的婚丧事宜报备制度，加强纪律约束。加强优秀村规民约的宣传，发挥好典型示范作用。

（三）促进乡村移风易俗

推动移风易俗、树立文明乡风是加强农村精神文明建设的一项重要任务，也是推动社会主义核心价值观在广大农村落地生根的必然要求，更是形成良好村风民风社风、深化美丽乡村建设的有效途径。因此，移风易俗是当前农村工作的重中之重。应该积极引导广大村民崇尚科学文明，传播科学健康的生活方式。发挥村民议事会、道德评议会、红白理事会等群众组织的作用。深化农村殡葬改革。深化农村科普工作，倡导读书、用书、学文化、学技能，提高农民科学文化素养。注重通过互联网等新途径普及信息技术知识、卫生保健常识、法律法规知识等现代生活知识，引导广大农民积极融入现代社会发展大潮。

# 第四节　健全乡村公共安全体系

当前，农村公共安全治理体系和运行模式都难以适应乡村振兴要求。必须进一步树牢安全发展理念，扎实做好农村公共安全工作，为广大农村编织起全方位、立体化的公共安全网。要持续开展农村安全隐患治理，探索实施"路长制"，推进农村"雪亮工程"建设，确保乡村振兴战略安全、健康、顺利实施。

## 一、持续开展农村安全隐患排查整治

农村安全隐患排查整治是推动农村经济社会发展，确保农民群众生产、生活安全的重要举措。要通过持续深入开展排查和整治，有效消除农村各类安全隐患，建立健全农村隐患排查治理及重大危险源监控的长效机制，进一步提高农村安全防控管理水平，增强农民群众安全防范意识，坚决遏制农村重特大安全事故的发生，真正实现农村公共安全防控网全覆盖。

## （一）强化组织，压实工作责任

基层党委和政府要切实担负起本辖区农村安全隐患排查整治工作的主体责任，要成立安全隐患排查整治工作领导小组，明确各相关部门分管领导为分项工作责任人，承担起职责范围内的排查整治工作。同时，要将责任传导、下压到村两委班子，明确村支部书记、村主任为本村安全隐患排查整治工作的第一责任人，其他班子成员协同配合、各负其责，形成工作合力。推动实行责任分包制度，乡干部包村、村干部包片，做到乡不留村、村不漏户，确保排查不留死角、整治有实效。

## （二）突出重点，集中排查整治

集中开展排查整治，是迅速、有效解决农村安全隐患问题的重要举措。要结合农村实际，着重对用电消防安全、房屋安全、水利设施安全、食品安全、道路交通安全、取暖安全和教育、卫生、养老公共设施安全等方面，逐项开展拉网式排查，全面掌握农村问题多发、易发的重点区域、重点场所、重点环节，建立隐患问题台账，逐项提出整治措施，明确整治责任人、整治时限，精准施策，精准整治，精准销号，做到发现一个消灭一个，真正把各类安全隐患消除在萌芽状态。

## （三）严格督查，推动常态长效

基层党委和政府要对本辖区农村安全隐患排查整治工作及时开展监督检查，并将督查情况通报各村，凡是整治工作抓得好的，给予通报表扬。同时，要按照集中整治与长效管理、治标与治本同步推进的原则，进一步建立农村安全隐患整治的长效工作机制，不断规范农村安全防控各项工作制度，促进农村安全防控工作持久、深入开展。

## （四）广泛宣传，营造良好氛围

要加大对农村安全隐患排查整治工作的宣传力度，充分利用广播、手机短信、QQ、微信以及专栏、展板、入户宣传等形式，广泛组织开展安全教育活动，宣传安全知识、安全生产法律法规和安全常识，以典型事件警示农民群众，提升农民群众安全风险辨识能力和自我保护能力，最大限度调动起农民群众自己动手消除安全隐患的积极性、主动性，营造人人讲安全、处处抓安全的良好氛围。强化组织，压实工作责任；严格督查，助推常态长效。

## 二、建设平安乡村

平安乡村建设是实施"乡村振兴"战略的重要保障，是构建和谐社会的基础条件，是深化乡村各项建设的迫切需要，而平安建设的关键是如何提升当前农村社会治安综合治理能力。在平安乡村建设过程中，应该健全落实社会治安综合治理领导责任制，大力推进农村社会防控体系建设，推动社会治安防控力量下沉。

### （一）加强乡村治理体系建设

健全农村公共安全体系，持续开展农村安全隐患治理。加强农村警务、消防、安全生产工作，坚决遏制重特大安全事故。探索以网格化管理为抓手、以现代信息技术为支撑，实现基层服务和管理精细化、精准化。健全乡村矛盾纠纷调处化解机制，坚持发展新时代"枫桥经验"，做到"小事不出村、大事不出乡"。健全人民调解员队伍，加强人民调解工作。完善调解、仲裁、行政裁决、行政复议、诉讼等有机衔接、相互协调的多元化纠纷解决机制。

### （二）发挥信息化支撑作用

探索建立"互联网＋网格管理"服务管理模式，提升乡村治理智能化、精细化、专业化水平。强化乡村信息资源互联互通，完善信息收集、处置、反馈工作机制和联动机制。广泛开展平安教育和社会心理健康服务、婚姻家庭指导服务。推动法院跨区域立案系统、检察服务平台、公安综合窗口、人民调解组织延伸至基层，提高响应群众诉求和为民服务能力水平。推进居住证制度全覆盖，保障农村流动人口合法权益，健全流入地和流出地双向管理机制，加强农村重点人群服务管理。

## 三、推进农村"雪亮工程"建设

近年来，随着农村青壮年劳动力纷纷加入外出务工行列，老人、孩子和妇女构成了农村的留守群体，不可避免地减弱了农村地区的群治群防能力，形成了社会治安"空心村"。基于此，2018 年政府相关文件提出建设平安乡村，推进农村"雪亮工程"建设，着力解决农村社会治安防控管理的现实问题和群众强烈的安全诉求。实施农村"雪亮工程"，是把治安防范措施进一步延伸到农村群众身边，发动社会力量和广大群众共同做好视频监控，筑牢治安防控的"篱笆"，不仅为群防群治注入新的内涵，使其焕发新的活力，而且能够有效解决群众安全感、满意度"最后一公里"的问题。

### (一) 高位推动、多方助力

2020 年，我国实现了"全域覆盖、全网共享、全时可用、全程可控"的公共安全视频监控建设联网应用。各地要高度重视农村"雪亮工程"建设，并将其上升为创新社会治理、提升群众安全感和满意度的重要抓手，省、市、县、乡、村五级联动，层层抓好工作部署，层层压实工作责任，层层推动工作落实。同时，要大力创新方式方法，推动社会组织、农村群众等积极参与"雪亮工程"建设。比如，湖南常德鼎城区顺应市场经济规律，采取"政府引导、运营商投入、农户参与"的模式推进农村"雪亮工程"建设，引入联通、电信、移动等通信企业参与竞争，政府无须投资建设监控平台，农户每月仅需缴纳少量固定套餐费用，在同比消费更低的情况下，享受家庭监控、电视、宽带、话费的整体服务，既破解了农村建设技防设施资金难题，又为农村群众提供了优质服务。

### (二) 合理规划、科学布局

要进一步提升农村社会治安防控水平，按照"统筹使用、兼容整合、统一规划、合理布局、先易后难"的原则，组织公安、交通、供电、通信等部门，对农村已建监控点位进行联网整合，避免重复建设。

同时，大力推进农村全方位布点设控，尤其是对村庄主要路口、显要位置、重点场所要做到全覆盖，确保进出村庄所有路口不留死角、不漏一处，实现全天候、无缝隙监控。通过推进农村视频监控"一张网"建设，以及广泛应用智能传感、物联网、云计算等信息技术手段，构建起社会化、法治化、智能化、专业化的防控机制，逐步实现"全域覆盖、全网共享、全时可用、全程可控"的目标。

（三）加强管理、做好维护

实施农村"雪亮工程"，不仅要抓好建设，还要抓好管理、保养、维护等工作。基层党委和政府要建立健全视频监控常态巡检工作机制，经常组织相关工作人员学习设备运行及日常维护知识，切实提高农村"雪亮工程"运行管理能力和水平。要督促网络运营公司定期做好维护保养工作，明确维护责任人，公布联系电话，对监控探头、辅光灯等硬件设施要定期进行保养，对发现的故障要及时维修解决，确保所有的视频监控都能全天候有效运转，更好推动"雪亮工程"在农村社会安全治理中发挥应有的作用。

# 第五章　提升乡村产业发展质量

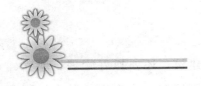

## 第一节　培育壮大特色产业

充分挖掘资源优势，积极培育壮大乡村特色产业，不断延伸农业产业链，大力发展特色经济，增强发展新动能，走出一条农业高质量发展的新路子，为早日全面实现乡村振兴战略提供可靠的物质支撑。

### 一、壮大特色优势产业

提升壮大特色优势农业产业，是促进农民致富增收的有效途径。要以各地资源禀赋和独特的历史文化为基础，有序开发优势特色资源，做强做优做大特色产业。创建特色鲜明、优势集聚、市场竞争力强的特色农产品优势区，形成特色农业产业集群，塑造现代顶级农业产品品牌，实施产业兴村强县行动，培育农业产业强镇，打造"一乡一业、一村一品"的发展新格局。

#### （一）做强做精乡土特色产业

因地制宜发展小宗类、多样性特色种养，加强地方品种物质资源保护和开发，建设特色农产品优势区，推进特色农产品基地建设，支持建设规范化乡村工厂、生产车间，发展特色食品业、制造业、手工业和绿色建筑建材等乡土产业，充分挖掘农村各类非物质文化遗产资源，保护传统工艺，促进乡村特色文化产业发展。

创新产业组织方式，推动种养业向规模化、标准化、品牌化和绿色化方向发展，延伸拓展产业链，增加绿色优质产品供给，不断提高质量效益和竞争力，加强生猪等畜禽产能建设，提升动物疫病防控能力，推进奶业振兴和渔业转型升级，发展经济林和林下经济。

## （二）大力发展乡村休闲旅游产业

近年来，随着人民生活水平的不断提高，全国各地的乡村旅游建设如火如荼。乡村旅游发展已经成为农村发展、农业转型、农民致富的重要渠道。实施乡村振兴战略，无疑成为乡村旅游发展的又一催化剂，乡村旅游业将会有更大作为、更大担当、更大发展。旅游产业的发展为乡村振兴带来了新的发展机遇，让"乡村"借"旅游"再次进入了人们的视野，助力了乡村振兴。一要充分利用田园景观、自然生态以及资源禀赋的优势，为广大的人民群众提供休闲娱乐的场所，增加人民群众对乡村生活的体验与了解。利用乡村各类物质与非物质资源的独特优势，构建"旅游＋""生态＋""文化＋"等模式，推进农业、畜牧业、渔业与旅游、文化、康养等产业深度融合；利用乡村旅游业态和产品，打造各类主题乡村旅游目的地和精品线路，发展富有乡村特色的民俗和养生养老基地。二要通过乡村旅游增加农民收入，带动传统产业的发展，推动一二三产业融合。让农产品商品化、特色化，打造具有地方特色的旅游品牌，让农特产品成为旅游产品，通过电子商务平台，让乡村生态产品以全新的方式走进人们的视野，增加农产品的附加值。让农业资源旅游化，利用农村的田园风光和山水景观，发展创意农业，将旅游与休闲相结合，体现"住农家屋、吃农家饭、干农家活、享农家乐"的农家味道。将农民的利益绑在一条生产链上，支持农村集体办乡村旅游合作社或旅游企业，对优势项目实行股份化管理，形成规模化的餐饮、住宿和体验活动。三要发展乡村旅游产业。乡村旅游是乡村振兴的一条有效途径，必须抢抓机遇，全力推动，依托农业主体产业，延伸农业的生产功能以及配套服务设施，使自然风光和农村产业深度融合，打造一批美丽田园，提高农业的综合效益。通过农村产权转让、入股获得的租金分红、提供土特产品等方式分享旅游经济红利，让老百姓回归自己的家乡，投入乡村旅游建设中。利用田园风光与绿色景观等生态环境为广大人民群众提供乡村生产生活休闲体验，通过发展"农家乐园、花果人家、生态鱼庄、养生山庄、创意文苑"的旅游产业新模式取得收益。利用农村秀丽的自然风光、深厚的文化底蕴、浓郁的人文风情，通过"旅游＋大农业""旅游＋文化""旅游＋康养""旅游＋智慧""旅游＋体育"等产业模式，形成全方位、多层次的乡村旅游发展新格局。乡村旅游发展带动就业，让老百姓可以通过就近务工等方式直接增加收入。发展旅游业的同时，还要注意处理好保护与开发的关系，加强生态环境的保护。

## （三）打造智慧农业

智慧农业是农业中的智慧经济，或智慧经济形态在农业中的具体表现。智慧农业集互联网、云计算、大数据和物联网技术于一体，依托5G网络，实现农业生产环境的智能感知、智能预警、智能决策、智能分析、专家在线指导，为农业的生产提供精准化种植、可视化管理、智能化决策，从而使农业具有"智慧"。智慧农业是智慧经济主要的组成部分，是发展中国家消除贫困、发挥后发优势、经济发展后来居上、实施赶超战略的主要途径。一要升级生产领域，由人工走向智能。在种植、畜牧以及渔业的生产作业环节，要摆脱人力依赖，构建集环境生理监控、作物模型分析和精准调剂为一体的农业生产自动化系统，根据自然生态条件改进农业生产技术，进行农产品差异化生产；在乡村工业生产环节，要将农产品生产、加工等过程的各种相关信息进行记录并储存，通过加工产品的识别号在网络上对农产品进行查询认证，追溯全程信息；在生产管理环节，特别是一些农垦区、现代农业产业园、大型农场等单位，要将智能设施与互联网广泛应用于农业测土配方、茬口作业计划以及农场生产资料管理等生产计划系统，提高生产效率。二要升级经营领域，突出个性化与差异性营销方式。物联网、云计算、大数据等技术的应用，打破了农业市场的时空与地理限制，农资采购和农产品流通等数据将会得到实时监测和传递，有效解决信息不对称的问题。在主流电商平台开辟专区，拓展农产品销售渠道，有实力的龙头企业通过自营基地、自建网站、自主配送的方式打造一体化农产品经营体系，促进农产品市场化营销和品牌化运营，实现农业经营向订单化、流程化、网络化转变，个性化与差异性地定制农产品营销方式。三要升级服务领域，提供精准、动态、科学的全方位信息服务。如基于北斗的农业调度服务系统，通过室外大屏幕、手机终端等这些灵活便捷的信息传播形式，向农户提供气象灾害预警和公共社会信息服务，有效地解决信息服务"最后一公里"的问题，向农业经营者传播先进的农业科学技术知识、生产管理信息以及农业科技咨询服务，提高农业生产管理决策水平，增强市场抵抗风险能力，做好节本增效，以提高收益。推进云计算、大数据等技术的应用，不仅可以促进农业管理数字化、现代化及农业管理高效和透明，而且还能提高农业农村部门的行政效能。

### （四）发展创意农业

创意农业是农业产业的跨界融合，既是农业发展理念的创新，也是农业发展方式的转变，已经成为农业现代化建设的新视角和新趋势。在"大众创业，万众创新"的时代，农业发展要跟上时代的步伐就必须被赋予有创意的内涵，唯有融入创意文化，才能实现农业的创意发展。创意让农业变得更有未来，创意农业引领未来农业发展。

培育新奇特农产品，发展科技型创意农业。运用现代高新技术开发农业特色产业、发展农产品加工业、创新农村服务业，在科技应用中融入艺术元素，培育一批外形独特、工艺考究、具有内涵的创意农产品，提高农产品附加值。

挖掘农业内涵底蕴，发展文化型创意农业。突出文化元素在创意农业发展中的应用，挖掘利用地方农耕文化和农业资源，引导创意农业特色化发展，提升创意农业内涵。

推进农村一二三产业融合，发展功能型创意农业。推进农业与旅游、健康养老、教育等产业深度融合，对农业全产业链及其经营场所等进行包装、设计、创意，培育打造多功能的创意农业精品，推进创意农业产业化。

践行绿色发展理念，发展生态型创意农业。把创意农业发展与美丽乡村建设有机统一、与农业生态建设协同推进，培育一批吸引眼球的创意农业景观，让绿水青山变成"金山银山"。

构建宣传营销平台，发展服务型创意农业。在农产品营销方式上创新创意，通过新奇别致的产品包装、友好亲切的品牌形象和丰富多彩的营销推介，促进产销对接、优质优价。

### （五）发展乡村信息产业

深入推进"互联网＋"现代农业，加快重要农产品全产业链大数据建设，加强国家数字农业农村系统建设。全面推进乡村 5G 网络建设，推进信息进村入户，实施"互联网＋"农产品出村进城工程。推动农村电子商务公共服务中心和快递物流园区建设和发展。

## 二、发展多类型融合新产业、新业态

农林文旅康产业融合发展，是农村一二三产业融合发展的新路径，是农业、林业、文化、旅游、康养等各类产业业态的融合，是农民增收的新渠道，也是农业农村优先发展、融合发展和高质量转型发展的新动能。

### （一）"农业＋旅游＋休闲"发展模式

深入挖掘农村休闲农业发展潜力，激活发展活力，推动休闲农庄、田园综合体、美丽乡村建设，开发一批集农耕体验、田园观光、教育展示、休闲娱乐等于一体的休闲农业与乡村旅游产业品牌，使其成为富民增收的特色产业。依托农业重点企业，打造一批集田园观光、采摘休闲、垂钓娱乐于一体的休闲农业园区，引导公众参与农业科普和农事体验活动，满足游客休闲放松的需求。积极打造申报中国美丽休闲乡村和全国休闲农业精品园区，提升乡村旅游的影响力和知名度。稳步推进农村旅游项目建设，积极举办乡村旅游节，打造旅游市场热点，提高游客的参与度。

## （二）"农业＋文化＋旅游"发展模式

"用文化的理念发展旅游，用旅游的方式传播文化"已经成为文旅行业的共识。这一思想对于指导农业与文化、旅游融合发展意义重大。推动农业与文化、旅游产业融合，就要深入挖掘农业及农村文化元素，将文化内涵纳入旅游产品的研发当中。依托农村丰富的自然生态和文化底蕴，通过对农村经济资源的优化配置和整合，将农村农业、旅游业和文化创意产业深度融合，以文化兴农助旅。借助文化产业的思维逻辑和发展理念，发挥创意、创新构思，有效地将科技和人文要素融入农业生产。在传统农业中引入创意种植、科普教育、情景体验、家庭农艺等文化消费项目，运用一定的高科技以农业景观为基础，增添观景台、作物雕塑、农场草垛等创意元素，打造创意农业田园景观。

## （三）"农业＋康养＋旅游"发展模式

我国自古有"农医同根"之说，我国现存的第一部药物学著作就名为《神农本草经》，而"本草"则基本来自乡村，可以说，养生与乡村渊源深厚。乡村所有可用于发展旅游产业的资源都可以用于发展养生产业，乡村特有的山、水、生物等景观资源展现了"人与自然和谐统一"的本质，使人心灵受到熏陶，释放郁闷和压力，调节机体的免疫系统，起到养生、保健、治疗的作用；农耕活动可让人们体验古老农耕文化，感受对天地的敬畏之情，达到以动养生的目的；乡村民间习俗、传统节庆等人文资源，展现了乡村悠久且和谐的整体面貌，是以和养生的基础；乡村可以提供绿色、无污染食材做成养生食品，实现以食养生。伴随着人口结构变化带来的社会问题，居民消费水平提高与面临环境污染、食品安全等问题的矛盾日益突出，康养产业受到国家高度重视。围绕健康养生需求，把农业与康养（中医药、旅游、文化、体育）有效融合，进行休闲农业、健康娱乐、医疗服务、养生度假等多功能开发。通过发展绿色种植业、生态养殖业，开发适宜特定人群、具有特定保健功能的生态健康食品和有机农产品，同时结合农事体验、农业生态观光、食品加工体验、餐饮制作体验等活动，推动生态健康食品产业链的综合发展。追溯"天然绿色食品＋药膳同源＋儿时回忆"，利用生物技术，对原生态的农产品进行创意加工，使其升级为高档礼品、艺术品和高品位旅游商品。

### (四) "林业＋旅游＋康养"发展模式

林业与旅游、康养产业融合的新型业态，是林业转型升级的新抓手、新方向。推进林下经济与森林旅游有机结合，利用林下土地资源和林荫优势，种植药材、花卉，养殖禽畜，在此基础上，发展特色林业休闲旅游。借助国家发展康养旅游的政策优势，依托森林资源，充分利用森林养生功能，重点发展林业旅游、森林康养，把优质的林业资源与现代医学和中医等传统医学有机结合，开展森林康复、疗养、养生、休闲等一系列有益于人类身心健康的活动。打造具有影响力的森林康养运动基地，推动户外休闲和森林康养旅游资源的深度融合。围绕优质森林康养旅游资源，打造具有较高知名度的森林旅游地、精品森林旅游线路、森林特色小镇、森林体验和生态养生试点基地，推动户外休闲和森林康养旅游资源的深度融合。

## 三、打造产业融合新载体、新模式

立足区域资源禀赋，突出主导产业，建设一批田园综合体、农业产业特色小镇、文创休闲农业园、旅游型民俗村和中药养生文化园等农村产业融合发展示范园，形成多主体参与、多要素聚集、多业态发展格局。

### (一) 构建新型田园综合体

农业多功能性是田园综合体实现农村产业融合、培育新产业和新业态的有效载体。田园综合体以农民合作社为主要载体，让农民充分参与和受益，集循环农业、创意农业、农事体验加新型社区或田园社区于一体，是一种前瞻性的乡村综合发展模式。在有发展条件的地方，集中连片开展高标准农田建设，加强田园综合体区域内"田园＋农村"基础设施建设，整合资金完善供电、通信、污水垃圾处理、游客集散、公共服务等配套设施，围绕田园资源和农业特色，做大做强传统特色优势主导产业，推动土地规模化利用和三产融合发展，大力打造农业产业集群。稳步发展创意农业，利用"旅游＋""生态＋"等模式，开发农业多功能性，推进农业与旅游、教育、文化、康养等产业深度融合。积极壮大新型农业经营主体实力，完善农业社会化服务体系，通过土地流转、股份合作、代耕代种、土地托管等方式促进农业适度规模经营，优化农业生产经营体系，增加农业效益。强化服务和利益联结，逐步将小农户生产、生活引入现代农业农村发展轨道，带动区域内农民可支配收入持续稳定增长。强化品牌和原产地地理标志管理，推进农村电商、物流服务业发展，培育形成1～2个区域农业知名品牌。牢固树立"绿水青山就是金山银山"的理念，优化田园景观资源配置，深度挖掘农业生态价值，统筹农业景观功能和体验功能，凸显宜居宜业新特色。积极发展循环农业，充分利用农业生态环保生产新技术，促进农业资源的节约化、农业生产残余废弃物的减量化和资源化再利用，实施农业节水工程，加强农业环境综合整治，促进农业可持续发展。完善区域内的生产性服务体系，通过发展适应市场需求的产业和公共服务平台，聚集市场、资本、信息、人才等现代生产要素，推动城乡产业链双向延伸对接，推动农村新产业、新业态蓬勃发展。

## （二）培育宜居宜业的农业特色小镇

农业特色小镇是以特色农业产业为依托，结合绿色生态、美丽宜居、民俗文化等特征，打造具有特色鲜明的农业产业、农业文化内涵、农业旅游功能的"宜居、宜商、宜业、宜养、宜游"的新型现代农业发展空间平台。它是通过整合农业、城镇、科技、文化、创新等要素，构建"产、城、人、文"四位一体、农旅双链协同发展的综合体，以新理念、新机制、新载体推进农村一二三产业深度融合发展，是农业经济发展的新引擎，是现代农业发展的新平台，是推进农业供给侧结构性改革的有效途径。在城市周边且农业相对发达、生态环境良好的地区打造农业特色小镇，开发附加值高的农业产业集群，打造特产品牌，推动农产品深加工。依托农耕文化厚重的历史文化底蕴，对传统农耕技术与生产工具、农耕习俗、格言谚语、乡村文学做体验式旅游开发和展示。完备水、电、气、暖、网等基础设施及与现代生态农业相匹配的生产设施。同时，配置商业、文化、教育、医疗等公共服务。

### (三) 打造文创休闲农业园

文创农业是将传统农业与文化创意产业相结合，借助文创思维逻辑，将文化、科技与农业要素相融合，从而开发、拓展传统农业功能，提升、丰富传统农业价值的一种新兴业态。文创农业可与农业休闲旅游项目相结合，打造文创主题农庄，以一个特色鲜明的主题贯穿始终，以农业文化要素为主体和题材，以建筑为核心，辅以花园、果园、菜园等农业生态环境，满足游客农事活动体验、农业文化欣赏、居住、游乐、休闲、养生、养老等多样化需求。在打造文创主题农庄时，要注重突出自己的特色，做出自己的个性，深度挖掘当地风土人情，嫁接文化，多讲故事，多用情感制造溢价。

### (四) 发展旅游型民俗村

以传统村落为载体，以村落内的自然环境、人文资源和产业资源为基础，以特色农业生态观赏及民俗、农耕和乡土文化体验为内容，以古村落宅院建筑为重要吸引物，构建内容丰富、形式多样、产业融合的旅游特色民俗村。利用农耕技艺、农耕用具、农耕节气、农产品加工活动等，开展农业文化旅游。利用居住民俗、服饰民俗、饮食民俗、礼仪民俗、节令民俗、游艺民俗等，开展民俗文化游。利用民俗歌舞、民间技艺、民间戏剧、民间表演等，开展乡土文化游。利用古村落民居，开发特色民宿。

### (五) 培育中医药养生文化园

国家要在推进中医药振兴发展的基础上，推动中医药健康服务与旅游产业有机融合，发展以中医药文化传播和体验为主题，融中医疗养、康复、养生、文化传播、商务会展、中药材科考与旅游为一体的中医药康养旅游。中医药康养旅游在我国的发展正当其时。在中药材主产区，以中医药文化为主题，开发中草药植物园、中医养生馆、中医药膳、中医药浴、中医药卖场、文创展示场等项目，打造出集生态观光、教育科普、餐饮养生、文创工艺、药浴体验等于一体的中医药养生文化庄园。

# 第二节　推进质量兴农、绿色兴农

实施乡村振兴战略，质量兴农、绿色兴农、品牌强农是核心任务。实施质量兴农、绿色兴农、品牌强农战略，加快构建现代农业产业、生产、经营体系，有利于加快转变农业发展方式，提升农业优质化、绿色化、品牌化发展水平，推动农业高质量发展；有利于促进农业全面转型升级，增强发展的内生动力和可持续性，为乡村振兴提供新动能、开拓新局面；有利于做大做强优势特色产业，打造中国农业品牌，探索走出一条中国特色农业现代化道路。

## 一、健全绿色质量标准体系

绿色农产品生产离不开良好的生产环境。近年来，我国大力实施质量兴农战略，加快转变粗放式农业生产方式，加快绿色标准化基地建设，着力推进农产品生产技术规范和标准体系建设，从源头上保障农产品质量，切实维护人民群众"舌尖上的安全"。

（一）健全完善农业全产业链标准体系

加快建立与农业高质量发展相适应的农业标准及技术规范，全面完善食品安全国家标准体系，加快制定农兽药残留、畜禽屠宰等国家标准，在 2020 年，我国制订 3 500 项强制性标准，补充完善种子、肥料、农药、兽药、饲料等农业投入品质量标准、质量安全评价技术规范及合理使用准则，建立健全农产品等级规格、品质评价、产地初加工、农产品包装标识、田间地头冷库、冷链物流与农产品储藏标准体系，构建现代化农业工程标准体系，提高工程建设质量和投资效益。

## （二）引进、转化国际先进农业标准

加快国内外标准全面接轨，实施农业标准互认协同工程，在适宜地区全面转化推广国际先进农业标准，推动内外销产品"同线同标同质"，加快推进我国农产品质量达到国际先进水平，强化国际标准专业化技术专家队伍建设，深入参与国际食品法典委员会、国际植物保护公约等机制下的涉农国际标准规则制定和转化运用，支持企业申请国际通行的农产品认证，促进政府间标准互认合作。

## （三）建立农产品质量安全风险评估、监测预警和应急处置机制

强化农产品质量安全风险评估，将"菜篮子"和大众粮油植物产品全部纳入评估范围，依托农产品主产区（基地、企业、合作社、家庭农场、种植大户），设定监测点实施动态观测。强化检验监测预警，做到抽检一个产品，规范一个企业，建立监督抽检发现问题、查处问题的激励机制。强化应急处置，建立快速反应、信息通畅、上下系统协同、跨区联动的应急机制，提高应急处置能力。

## （四）完善农产品质量安全监管追溯系统

我国农业生产主体多、链条长，农产品质量安全监管必须围绕薄弱环节、重点领域严格监管，推进农药追溯体系建设。按照"互联网＋农产品质量安全"的理念，实施农产品质量安全追溯管理信息平台建设项目，率先将国家级和省级龙头企业、"三品一标"（无公害农产品、绿色食品、有机农产品和农产品地理标志）获证企业以及农业农村部门支持建设的示范基地纳入平台。建立统一的编码标识、信息采集、平台运行、接口规范等关键技术标准，出台农产品质量安全追溯管理办法。利用互联网、大数据、云计算和智能手机等新型信息技术成果，推动智慧监管。

## 二、培育提升农业品牌

农业品牌建设既是农业高质量发展的重要引领，也是农业高质量发展的重要标志。农业高质量发展必须以品牌建设为引领，从顶层设计到各个环节系统地部署推动，最终将资源优势转化为产业优势和市场优势。实施农业品牌提升行动，需要加快形成以区域公用品牌、企业品牌、大宗农产品品牌、特色农产品品牌为核心的农业品牌格局。建立农业品牌目录制度，加强农产品地理标志管理和农业品牌保护。鼓励地方培育品质优良、特色鲜明的区域公用品牌，引导企业与农户等共创企业品牌，培育一批"土字号""乡字号"产品品牌。

（一）构建农业品牌体系

实施农业品牌提升行动，培养一批叫得响、质量过硬、有影响力的农产品区域公用品牌、企业品牌、农产品品牌，建立培育差异化竞争优势的品牌战略实施机制，构建特色鲜明、互为补充的农业品牌体系，围绕特色农产品优势区建设，塑造一批农产品区域公用品牌，以县域为重点，加强区域公用品牌授权管理和产权保护，结合粮食生产功能区、重要农产品生产保护区和现代农业产业园建设，积极培育粮棉油、肉蛋奶等"大而优"的大宗农产品品牌。以新型农业经营主体为主要载体，创建地域特色鲜明、"小而美"的特色农产品品牌。农业企业要充分发挥组织化、产业化优势，与原材料基地紧密结合，加强自主创新、质量管理、市场营销，打造具有较强竞争力的企业品牌。

（二）完善品牌发展机制

建立农业品牌目录制度，组织开展目录标准制定、品牌征集、审核推荐、推选认定、培育保护等工作，发布品牌权威索引，引导社会消费。全面加强农产品商标与地理标志商标的注册和保护，构建我国农业品牌保护体系，打击各种套牌和滥用品牌行为。加强品牌中介机构行为监管，构建农业品牌危机处理应急机制，推进品牌危机预警风险规避和紧急事件应对，完善农业品牌诚信体系，构建社会监督体系，将品牌荣誉纳入国家诚信体系。

## (三) 加强品牌宣传推介

深入挖掘品牌文化内涵,讲好农业品牌故事,充分利用各种传播渠道,大力宣传推介中国农业品牌文化。创新品牌营销方式,充分利用农产品博览会、展销会等渠道,借助互联网、大数据、云计算、人工智能、5G 网络等新一代信息技术,加强品牌市场营销,提升品牌市场占有率,促进农产品优质优价,推进农产品优质化、绿色化、特色化和品牌化发展。

## (四) 打造国际知名农业品牌

加强市场潜力大、具有出口竞争优势的农业品牌建设,积极参与与"一带一路"沿线及周边国家和地区的农业合作,出口绿色、有机、无公害、特色、高附加值的农产品,以"技术、品牌、质量、服务"为核心,提高我国农产品的国际市场竞争力。支持企业培育农产品出口品牌,推动企业以引进国外先进技术和优良品种与国内自主研发并重的方式,开发自主知识产权产品。培育具有国际竞争力的大粮商和农业企业集团,推动企业"抱团出海",促进产业集聚,支持有条件的农业企业参加国际知名农业展会,提升中国农业品牌影响力和竞争力。

# 三、强化资源保护利用

大力发展节地节能节水等资源节约型产业,建设农业绿色发展先行区。国家明令淘汰的落后产能项目、列入国家禁止类产业目录的项目、污染环境的项目,不得进入乡村。推进种养循环一体化,支持秸秆和畜禽粪污资源化利用。推进加工副产品综合利用。

## (一) 严格耕地保护制度

耕地是农业发展之基,水是农业生产之要。我国用世界 9％的耕地和 6％的淡水资源,养活了世界近 20％的人口,但长期的超强度开发利用,使得资源利用的弦绷得越来越紧,生态环境亮起了"红灯"。对此,在资源保护与节约利用上，要建立耕地轮作休耕、节约农业用水等制度，健全农业生物资源保护与利用体系。

### （二）大规模推进高标准农田建设

优先在粮食生产功能区、重要农产品生产保护区大规模推进高标准农田建设，2022 年底我国已经累计建成 10 亿亩（1 亩 ≈ 667 平方米）高标准农田，探索以县市区为单位，整体扩大高标准农田建设规模。

### （三）加强农田水利基础设施建设

实施耕地质量保护和提升行动，在 2022 年全国农田有效灌溉面积达到了 10.4 亿亩，耕地质量提升了 0.5 个等级以上。实施"华北积水压采、西北节水增效、东北节水增粮、南方节水减排"等规模化高效节水灌溉，有效减少农田退水对水体的污染，同时按照"先建机制、后建工程"的要求，深化推进农业水价综合改革，完善农田灌溉工程体系，推行农业灌溉用水总量控制和定额管理，建设高标准节水农业示范区，推广抗旱节水、高产稳产品种，集成推广深耕深松、保护性耕作、水肥一体化等技术，提高土壤蓄水保墒能力。

## 四、推动创新创业升级

实施乡村振兴战略，就是推进农业农村现代化。创新是引领发展的第一动力，加快推进农业现代化，关键在于科技创新。因此，要立足我国国情、农情，遵循农业科技规律，找准农业科技突破方向，着力破解制约农业创新发展的突出科技难题，以此带动我国农业科技水平整体提升。当前，应围绕"大众创业，万众创新"的时代浪潮，积极寻找农村发展机遇，不断激发农村创业创新活力，形成全民双创的乡村振兴发展局面。

### （一）强化科技创新引领

大力培育乡村产业创新主体。建设国家农业高新技术产业示范区和国家农业科技园区。建立产学研用协同创新机制，联合攻克一批农业领域关键技术。支持种业育繁推一体化，培育一批竞争力强的大型种业企业集团。建设一批农产品加工技术集成基地，创新公益性农技推广服务方式。

## （二）促进农村创新创业

实施乡村就业创业促进行动，引导农民工、大中专毕业生、退役军人、科技人员等返乡入乡人员和"田秀才""土专家""乡创客"创新创业。创建农村创新创业和孵化实训基地，加强乡村工匠、文化能人、手工艺人和经营管理人才等创新创业主体培训，提高其创业技能。

## （三）提升农机装备水平

推进我国农机装备和农业机械化转型升级，加快高端农机装备和丘陵山区、果菜茶生产、畜禽水产养殖等农机装备的生产研发，大力推进主要农作物生产全程机械化，提升渔业船舶装备水平。我国在 2022 年创建了 500 个主要农作物全程机械化示范县，稳定实施农业购置补贴政策，加强绿色高效新机具、新技术示范推广。推进智能农机与智慧农业协同发展，推动植保无人机、无人驾驶农机、农业机器人等新装备在规模种养领域率先应用，推进丘陵山区开展农田"宜机化"改造。

## （四）加快数字农业建设

完善重要农业资源数据库和台账，形成耕地、草原、渔业等农业资源"数字底图"，分品种有序推进农业大数据建设，科学调控农产品生产、加工、流通，借助互联网企业、涉农企业数据库，充分依托已有设施，构建"农业云"管理服务公共平台，提高农业行政管理和政务服务信息化水平，实施数字农业工程和"互联网＋"现代农业行动，鼓励对农业生产进行数字化改造。加强农业遥感、大数据、物联网应用，提升农业精准化水平，推进生产标准化、特征标识化、产品身份化，全面提升数字技术在农产品生产、质量监控、商贸物流领域的应用水平，实现农产品"种讲良心、卖得称心、买可放心、吃得安心"。

# 第三节　构建现代农业经营体系

加快构建现代农业经营体系，是推进农业供给侧结构性改革的重要任务，也是加快推进农业农村现代化的重要举措。

## 一、壮大新型经营主体

目前，我国新型农业经营主体正处在成长的关键时期，要突出抓好农民合作社和家庭农场两类农业经营主体发展，赋予双层经营体制新的内涵，不断提高农业经营效率，通过加快培育一批管理规范、运营良好、联农带农能力强的农民合作社、家庭农场，发展一批专业水平高、服务能力强、服务行为规范、覆盖农业产业链条的生产性服务组织，打造一批以龙头企业为引领、以农民合作社为纽带、以家庭农场和农户为基础的农业产业化联合体，已经成为推进农业农村现代化、实施乡村振兴战略的时代使命。

### （一）推进农民合作社规范化建设

农民合作社是广大农民群众在家庭承包经营基础上，共同成立的自愿联合、民主管理的互助性经济组织。自《中华人民共和国农民专业合作社法》颁布实施以来，农民合作社在全国各地蓬勃兴起，正逐步成为重要的现代农业经营组织，在带领农民建设现代农业、参与国内外市场竞争、提高农业生产和农民进入市场的组织化程度中发挥了重要作用。2022 年 8 月底，全国依法登记的农民合作社达 222.2 万家，组建联合社 1.4 万家，纳入全国家庭农场名录系统的家庭农场超过 380 万个。但与此同时，合作社也面临发展不平衡、不充分、实力不强等问题，特别是部分农民合作社运行不够规范，成为制约发展的关键因素。如何规范提升、促进良性发展，已迫在眉睫。一是提升农民合作社规范化水平。这是农民合作社高质量发展的前提和基础，也是当前和今后一段时期最为迫切的任务。首先要推进依章办事，其次要突出抓好财务规范，最后要做实成员账户，理顺农民合作社产权关系，以成员账户管理实现农民合作社良性治理。二是增强农民合作社服务带动能力。这是农民合作社高质量发展的出发点和落脚点，也是联农助农富农的真正体现。要立足自然风貌、田园风光、乡土风情的优势，引导农民合作社从单一业务向产加销多种业务拓展，由生产领域向生产生活生态深度融合转变，深入挖掘农业多功能性，增强综合服务带动能力。三是促进农民合作社联合与合作。这是农民合作社高质量发展的必然要求，也代表了转型升级、提质增效的发展趋势。鼓励农民合作社通过兼并、合并等方式进行组织重构和资源整合，为农民合作社提升自身实力提供了新路径。四是加强试点示范引领。要大力推广"龙头企业＋合作社＋农户"的组织方式，切实发挥合作社的组织联结作用。

## （二）大力培育家庭农场

大力培育家庭农场是指鼓励和支持农村家庭发展农业生产经营，促进农村经济的多元化和农民收入的增加。家庭农场是农村家庭以自家或租赁的土地为基础，进行农业生产经营的组织形式。

培育家庭农场的重点包括以下方面。

①提供政策支持：制定相关政策，包括土地政策、金融支持政策、税收政策等，鼓励农民发展家庭农场，提供资金、技术和市场等方面的支持。

②提供培训与技术支持：组织农民参加农业生产经营培训，提升其农业生产技术水平和经营管理能力，推广先进的农业技术和管理经验。

③提供市场保障：建立健全农产品市场体系，保障家庭农场产品的销售渠道和价格合理，提供市场信息和营销支持。

④加强社会服务：加强农村基础设施建设，提供农田水利、农业机械、农产品加工等服务，改善农村生产条件，提高家庭农场的生产效益。

⑤加强组织建设：鼓励家庭农场参与合作社、农民专业合作社等组织形式，提高农民的组织化程度，增强其集体经济实力和市场竞争

能力。

　　大力培育家庭农场，可以促进农民增收致富，提高农村经济的多样性和农民的生活质量，推动农村经济的可持续发展。同时，家庭农场也有助于保护农业生态环境和传统农业文化的传承。

　　（三）积极发展农业产业化联合体

　　大力推广"龙头企业＋农民合作社＋农户"的农业产业化联合体经营模式。这种模式是带动农户家庭经营进入市场的一种重要的组织创新，有利于解决单个农户家庭解决不了的问题，发展农民专业合作社联合社是加快农业现代化发展、实现乡村振兴的一种重要途径。一是要解决农民合作社普遍存在的规模小、发展不规范、抗风险能力差的问题，积极引导农民专业合作社扩大合作领域，从单一合作走向联合合作。二是鼓励业务和产品相近的农民合作社组建联合社，形成规模效应，同时利用好地理标志等区域性品牌，如"一村一品""一乡一业"使农民合作社联合起来。三是引导合作社树立品牌意识，加强品牌的培育，通过举办专题培训、发放宣传资料等方式进一步普及有关商标的法律法规知识，通过商标的注册及使用，提高产品及合作社的知名度和信誉度，进而提升合作社的市场竞争力。四是鼓励农民合作社利用5G、物联网、大数据等新一代信息技术，开展生产经营技术培训、财务管理，积极发展电子商务，鼓励农民合作社建立网站、短信平台，公布重大事项和日常运行情况，探索运用大数据、人工智能和工业互联网等方式进行科学决策。五是支持供销、邮政、农业服务公司、农民合作社等开展农资供应、土地托管、代耕代种、统防统治、烘干收储等农业生产性服务业。改造农村传统小商业、小门店、小集市等，发展批发零售、养老托幼、环境卫生等农村生活性服务业。

## 二、培育多元融合主体

　　培育多元化的农村产业融合主体，推进农村产业融合发展，是一项既利当前又利长远、一举多得的综合性举措。通过培育多元融合主体，农村产业融合发展总体水平明显提升，产业链条完整、功能多样、业态丰富、利益联结紧密、产城融合更加协调的新格局基本形成，农业竞争力明显提高，农民收入持续增加，农村活力显著增强。

## （一）强化农民合作社和家庭农场基础作用

引导和促进家庭农场、农民合作社规范发展，加快构建新型农业经营体系，引导大学毕业生、新型职业农民、务工经商返乡人员领办农民合作社，兴办家庭农场，开展乡村旅游等经营活动。支持符合条件的农民合作社、家庭农场优先承担政府涉农项目，落实财政项目资金直接投向农民合作社，创新财政支农方式。开展农民合作社创新试点，引导发展农民合作社联合社，引导土地流向农民合作社和家庭农场，在农业现代化中充分发挥家庭农场的基础作用和农民合作社的引领作用。

## （二）支持龙头企业发挥引领示范作用

支持农业产业化龙头企业发展，引导其向粮食主产区和特色农产品优势区集聚。通过实施财税、金融、人才等配套政策，重点培育一批、引进一批、政策扶持一批起点高、规模大的龙头企业，建立"龙头企业＋合作社＋农户"的模式，鼓励支持龙头企业通过订单农业、示范基地等方式带动合作社、农户进行标准化规模化生产，着力打造产业化联合体，发挥出"合"聚变效应。支持具有比较优势的龙头企业，以资本运营和优势品牌为纽带，盘活资本存量，整合资源要素，开展跨区域、跨行业、跨所有制的合作。培育壮大农业产业化龙头企业，引导其重点发展农产品加工流通、电子商务和农业社会化服务，并通过直接投资、参股经营、签订长期合同等方式，建设标准化和规模化的原料生产基地，带动农户和农民合作社适度规模经营。龙头企业要优化要素资源配置，加强产业链建设和供应链管理，提高产品附加值。鼓励龙头企业建设现代物流体系，健全农产品营销网络。充分发挥农垦企业资金、技术、品牌和管理优势，培育具有国际竞争力的大型现代农业企业集团，推进垦地合作共建，示范带动农村产业融合发展。

（三）发挥供销合作社综合服务优势

推动供销合作社与新型农业经营主体有效对接，培育大型农产品加工、流通企业。健全供销合作社经营网络，支持流通方式和业态创新，搭建全国性和区域性电子商务平台。拓展供销合作社经营领域，由主要从事流通服务向全程农业社会化服务延伸、向全方位城乡社区服务拓展，在农资供应、农产品流通、农村服务等重点领域和环节为农民提供便利实惠、安全优质的服务。

（四）积极发展行业协会和产业联盟

鼓励龙头企业、农民合作社、涉农院校和科研院所成立产业联盟，支持联盟成员通过共同研发、科技成果产业化、融资拆借、品牌共有、统一营销等方式，实现信息互通、优势互补。利用产业联盟、行业协会等社会组织充分发挥政企研学用桥梁纽带作用，开展标准制定、商业模式推介等工作。

（五）鼓励发展农业产业化联合体

支持发展多种融合模式，鼓励发展农业产业化龙头企业带动、农民合作社和家庭农场跟进、小农户参与的农业产业化联合体。支持发展县域范围内产业关联度高、辐射带动力强、多种主体参与的融合模式，实现优势互补、风险共担、利益共享。

## 三、构建利益联结机制

紧密型利益联结机制以广大农民分享增值收益为出发点，以提高农民自主创业与合作经营为重点，建立利益共享、风险共担、合作共赢的联结机制，推动乡村农业产业、生产、经营体系高质量发展。通过农民的广泛参与、农企之间收益分享模式的创新以及政策的引导，不断增强农民参与融合能力，进而让农民更多分享产业融合发展的增值收益和红利，实现农民的共同富裕。

（一）提高农民参与度

农民是乡村振兴的主体，在农村建设和发展过程中具有重要的作用，要提高农民的主体地位，让他们有参与感和获得感。首先要提高农民自主创业与合作经营的积极性和能力，让他们愿意创业、有能力创业，这是重要的工作内容。其次要引导新型农业经营主体多元化融合发展，并促进新型农业经营主体的合作与联合，带动和促进农民创业或参与经营过程，同时要壮大农村集体经济，增强农村自身"造血"能力，激发农村发展内生动力，让所有农民搭上乡村振兴的列车，让农民在集体经济中获得红利，实现平衡发展。只有发展壮大集体经济，才能全面推进乡村振兴战略，统筹推进农村经济、政治、文化、社会、生态文明建设和党的建设，让农业成为有奔头的产业，让农民成为有吸引力的职业，让农村变成安居乐业的美丽家园。

## (二) 创新多种利益联结方式

引导农业企业与小农户建立契约型、分红型、股权型等合作方式，把利益分配重点向产业链上游倾斜，促进农民持续增收。完善农业股份合作制企业利润分配机制，推广"订单收购＋分红""土地流转＋优先雇佣＋社会保障""农民入股＋保底收益＋按股分红"等多种利益联结模式。此外，农村电商也逐渐成为利益联结机制的组成部分，目前我国农村电商发展较快，让广大分散的小农户通过合作社、协会等社会化组织与电商平台形成利益联结，在此过程中加快农村一二三产业融合，也是促进乡村振兴的有效途径。

## (三) 鼓励共同营销模式

通过行业协会、龙头企业、农业合作社、家庭农场、普通农户等组织，开展农产品营销推介和品牌运作，加大地方特色品牌的宣传力度，建立有效的共同营销模式，增加农民收入。鼓励农民以土地、林权、劳动、技术、产品、资金等开展多种形式的合作与联合，让农民在共同营销模式中有主动性和话语权。同时要引导农村集体经济组织合理开发利用集体土地、房屋、设施等资源和资产，成为吸引客户合作的有效法宝。营销模式和配套措施的共同发力，让农产品"走出去"，让营销有实效，真正惠及农民，振兴农村产业。

### （四）建立稳定的农企订单和契约关系

引导龙头企业在互惠互利基础上，通过保底价收购、利润返还、建立风险基金等方式，形成稳定购销关系。鼓励龙头企业采取承贷承还、信贷担保等方式，为农户、家庭农场、农民合作社提供贷款担保，资助订单农户参加农业保险。鼓励农产品产销合作，建立技术开发、生产标准和质量追溯体系，设立共同营销基金，打造联合品牌，实现利益共享。

## 四、加强农产品流通体系建设

在农产品流通体系建设方面，主要聚焦产、供、销等流通环节的堵点问题，以"促进农业生产、提高流通效率、保障市场供应、方便群众生活"为导向，优化农产品市场布局，不断完善农产品流通链条，进一步强化农产品产销衔接，稳步建立高效、畅通、安全、有序的农产品流通体系，打通农产品流通"最先一公里"，全力提升农产品流通效率。

### （一）加强农产品市场体系建设

建成一批农副产品交易中心、农产品产地批发市场、特色农产品集散中心，构建起县城、乡镇、其他专业市场的农产品市场体系。加强农产品产后检测、清洗、分拣、预冷、烘干、仓储、物流、营销等农产品商品化处理设施建设，提高农产品商品化处理能力和错峰销售能力，通过新建、扩建、改造等方式，加快形成覆盖城乡居民点的农贸市场、社区菜店、生鲜超市等农产品零售终端体系。

### （二）强化农产品冷链物流体系建设

支持各类投资主体加大投入，加强农产品产地预冷、预选分级、包装配送、冷链冷冻、冷链运输、仓储贮存、电子结算、检验检测和安全监控等设施建设，重点加强农产品冷链设施建设，补上冷链物流短板，加强"最先一公里"和"最后一公里"的产地预冷、保鲜加工、保鲜运输、销售终端冷藏等能力建设，着力解决冷链"断链"问题，支持冷链物流企业深化与农业产地、大型商贸企业合作，构建便捷高效、绿色安全的冷链物流服务网络，支持快递服务企业完善设施设备，依托生鲜电商平台，大力开展冷链快递、生鲜快递等业务，提高农特产品保鲜运输能力。

（三）培育农产品对接主体

推动大中型流通企业，通过直接投资、兼并重组等方式进入农村市场，支持农产品流通企业建设销地生鲜配送中心、产地集配中心、农产品销售终端等流通基础设施，培育一批产销联营的农业产业化龙头企业、农民专业合作社及其他农业合作经济组织，发挥省级特色产业产销协会作用，联合市县经销队伍"抱团出省"，扩大农产品销售市场，培育农产品"营销大王"和"营销能手"，提升经营规模、产业集中度和市场竞争力，不断壮大农产品流通主体。

（四）搭建农产品营销对接平台

通过组织开展对接会、展览会、交易会、洽谈会、田头对接、网上对接等多种形式的产销对接活动，搭建线上线下产销对接平台，组织农产品生产和流通主体交流对接，依托各种电商平台，开展电商平台产销对接活动，创新农超对接、农校对接、农企对接、农餐对接、社区直销菜店等产销对接模式，强化农民专业合作社与大中型连锁超市的产销合作关系，建设以超市、餐饮企业、学校食堂为主要营销对象的农产品生产基地，支持举办采摘节、苹果节、订购会等农产品产地展示展销活动。

（五）培育农村电商新业态

深入推进电子商务进农村综合示范，完善县、乡、村三级物流体系，构建农产品上行通道，支持农产品生产流通和销售主体建立网络销售平台，培育发展农产品流通电子商务平台，进一步推动农产品生产销售网上衔接，扩大网上交易规模，发挥电商平台的品牌塑造优势，依托各地地域文化、资源优势、特色产业，培育一批农产品品牌，提高其市场知名度，提升农产品价值，促进农民增收，形成"工业品下乡进村，农产品出村进城"的双向流通网络。

## （六）提升农产品加工流通水平

支持粮食主产区和特色农产品优势区发展农产品加工业，建设一批农产品精深加工基地和加工强县，鼓励农民合作社和家庭农场发展农产品初加工，建设一批专业村镇，统筹农产品产地、集散地、销售地批发市场建设，加强农产品物流骨干网络和冷链物流体系建设。

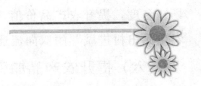

# 第六章　农村经济结构及调整研究

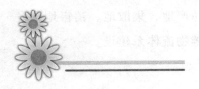

## 第一节　农村产业经济结构分析

科学地认识和弄清农村产业生产内部的比例及其相互关系，是保证农村产业健康发展的重要问题。合理的农村产业结构，有利于发挥农村产业内部各部门之间相互促进的关系；有利于保持农村产业生态系统各因素之间的相对协调和稳定，充分合理地利用自然资源和经济资源；有利于满足国民经济对农产品的需求。

### 一、农村产业结构的概念和特征

#### （一）农村产业结构的概念

农村产业结构是指在农村这个特定经济区域内，各个经济部门及其所属各门类、各生产项目的比例关系、结合形式、地位、作用和运行规律等。它包括三层含义：①在一定的农村区域中，农村经济是由哪些产业部门组成的；②这些产业部门是按什么方式组合在一起的；③各个产业部门在总体中的地位，即各占多少比例。

农村产业结构一般包括三大产业：第一产业，包括产品直接取自自然界的生产部门，主要是有生命的物质生产部门，如种植业、林业、牧业、渔业等，基本上是传统的农村产业生产部门；第二产业，包括工业、建筑业等，主要是指加工业的物质生产部门；第三产业，包括为生产和生活服务的交通运输业、邮电通信业、商业、金融服务业、科学技术、文教卫生以及其他公用事业等服务业部门。

## （二）农业产业结构的概念

农业产业结构是指农村产业中各生产部门或各产业类型所占的比重及其相互关系，亦称农村产业生产结构，是农村产业经济总体结构中的主要组成部分。

从广义上来讲，农业产业结构应包括以下两个方面。

### 1．横向结构

农业产业的横向结构，是指农、林、牧、渔业及其内部的组合比例和相互关系，具体包括以下六个方面。

（1）农、林、牧、渔各业的比重，主要是指种植业、林业、牧业、渔业所占的比重。

（2）各产业内部的各类生产要素之间的比重，如农业内部谷物生产和经济作物生产的比重，牧业内部牲畜养殖和活畜禽产品的比重等。

（3）农产品的产品结构，即不同农产品在同类产品中各自所占的比重。

（4）同一农产品的品种结构，即同一种农产品中不同品种所占的比重，如小麦的不同品种构成、绵羊的不同品种构成等。

（5）同一品种农产品的品质结构，如红富士苹果中优质产品所占比重等。

（6）同一农产品的上市时间结构。

### 2．纵向结构

农业产业的纵向结构，是指农产品生产加工、流通之间的比例关系。农村产业作为一个完整的产业，应当是由生产、加工、流通等环节紧密联系在一起所形成的产业体系。在农村产业发达的国家，农村产业早已不是单纯的农产品生产，而是包括农产品加工和流通在内的完整产业体系。

### （三）农村产业结构的特征

#### 1. 农村产业结构的整体性

在农村产业结构中，各种自然再生产过程和经济再生产过程相互交织，尽管农村产业结构也可以适应各种需要而分解为许多侧面和层次，但仍然是一个有机整体。孤立研究某个侧面只会获得局部的片面结果，农村产业结构的整体性，要求从整体观念出发，加强对农村产业结构进行系统性的研究。

#### 2. 农村产业结构的多层次性

农村产业的内部结构总体上可从"狭义"和"广义"两个层次来研究。开展这两个层次的结构研究，对于促进农村产业经济发展具有十分重要的实际意义。农村产业结构的多层次性研究，对于充分利用多种多样的自然资源和经济资源，发挥地区优势，合理利用各产业的中间产品和副产品，提高劳动生产率和土地生产率以及提高经济效益都有重要意义。

#### 3. 农村产业结构的路径依赖性

某一时间、特定地区的农村产业结构不是一蹴而就的，也不会转瞬即逝。农村产业结构是在长时间的自然（温度、湿度、自然灾害等气候变化）、经济、社会、文化、习俗等变化基础上形成的，并随着这些外部环境的变化而进行调整、优化和变更。因此，特定的农村产业结构都是在内外部环境综合作用下经过一定历史积淀形成的。按照新制度经济学的观点，一个国家或地区的经济发展与其原有经济基础、制度环境、社会结构和技术特点密切相关，具有类似于物理学中的惯性的特点，即对既有路径产生依赖，容易沿着既定的好的或者坏的方向不断"自我强化"。依据路径依赖理论，农村产业结构具有较强的历史性，在未来的农村产业结构调整中，一定要立足实际、结合历史，充分意识到路径依赖的存在，不仅要考虑将要采取的决策的直接效果，还要研究其长远影响；要随时研究改革是否走在正确的轨道上，如果发现了路径有偏差，要尽快采取措施加以纠正，使它回到正确的轨道上来，以免出现积重难返的情况。事实上，目前已经出现了很多对无效率制度的路径依赖问题，这主要是因为前期改革不规范，改革措施不彻底。

### 4. 农村产业结构的动态性

农村产业结构受一定的时间、空间条件的影响，随着时间、空间条件的变化，农村产业结构也时刻在发生变化，一成不变的农村产业结构是不存在的，研究农村产业结构的动态规律是农村产业经济学的基本任务之一。但是，农村产业结构总是具有一定的合理性和相对稳定性，它的形成和发展与当时的各种经济因素、自然环境因素有着直接关系。因此，调整农村产业结构，要从实际出发，因势利导，既要注意农村产业结构的整体性、多层次性、动态性，又要保持农村产业结构的相对稳定性，只有这样才能使农村产业结构进入良性状态之中。一般来说，随着经济的发展和人民生活水平的提高，农村产业生产的横向结构中，畜牧业的发展会快于种植业，但是，畜牧业和种植业内部结构变动都将趋向于使居民生活质量得到提升和国民消费习惯发生变化；农村产业生产的纵向结构中加工、流通环节所占的比例会逐渐上升，生产环节所占的比例会适当下降。

## 二、农村产业结构的影响因素

研究农村产业结构，与确定农村产业发展的方针和道路有密切关系。例如，一个地区或一个国家，在农村产业发展方针上是以种植业为主，还是以畜牧业为主，这关系到农村产业结构的形成与变革的问题。一般来说，种植业、畜牧业与林业的比例，是农村产业结构的基本问题，但某些农作物生产种类结构的调整，也可以成为关系整个国民经济发展的重要问题。

农村产业结构的形成与变革受多种因素制约，主要有以下几个方面。

### （一）自然资源条件是农村产业结构演变的客观基础

农村产业本质上属于一种资源型产业，它的主要对象是有生命的动植物，与自然资源条件的关系极为密切。首先，农村产业发展对自然环境条件有着一定的要求。如没有水资源，就难以发展渔业和种植业；没有牧草场，牧业的发展就会受到制约。因此，农村产业结构总是同一定的自然资源联系在一起的。其次，一个国家或地区的人口、劳动力、地理位置、经济发展水平、资本等条件也在一定程度上制约和影响着农村产业结构的形成和发展。

### （二）社会需要是农村产业结构演变的导向

社会需求对一个国家或地区的农村产业结构有一定的诱导作用。农产品是用来满足人们基本生理需要的，这一特性决定的人口数域和消费构成均对农村产业结构产生重要影响。

一般来说，在同等条件下，人口越多对粮食的需求量就越大，为了解决吃饭问题，就容易形成以粮食为主的农村产业结构。消费构成是居民生活需求水平的质态表现和习惯。在居民收入水平不断提高的情况下，居民的消费构成由以食物消费为主转向其他，食物支出比重降低。农村产业是国民经济的基础产业，也是出口创汇的重要产业，随着工业结构的调整和国际贸易规模的扩大，对农副产品的种类和数量需求也在不断变化，相应的农村产业结构也随之发生变化。

### （三）科学技术进步和生产力发展水平是农村产业结构演变的决定性力量

首先，通过科学技术的发展，可以开发新的农村产业资源，拓宽自然资源的利用范围，新的产业或产品生产可以突破原有资源的制约而得以更好地发展；其次，科学技术的进步，可以为农村产业内部有限发展的产业提供先进的技术与设施，使其得以更快发展；再次，农村产业科学技术可以不断地为农村产业提供新的优良品种和先进的种植技术，从而不断推动农村内部结构、产品结构、品种结构、品质结构以及产品上市时间结构的优化；最后，我国农村产业结构的变化，在相当程度上受粮食生产水平的制约，而粮食生产水平的提高，最终取决于农村产业科学技术水平的提高。

另外，农村产业结构的形成和发展以及合理化程度主要是由社会生产力发展水平决定的，因为自然资源条件可以在先进的生产力水平下得到更合理的利用。同时，社会生产力发展水平又是构成生产力的一个物质要素；社会需求状况同样也取决于生产力的发达程度；社会经济制度和政府经济行为，也必须适应生产力发展状况和依据生产力发展的要求来调控。因此，在影响和作用于农村产业结构的众多因素中，决定因素是生产力发展水平。实践证明，生产力发达的国家和地区，能充分合理地利用资源优势，形成良性循环的农村产业结构。而生产力不发达的国家和地区，一般农村产业比较落后，农村产业结构基本上是单一的或"小而全"的。

## （四）政府的经济行为是农村产业结构演变的政策保障

在既定的社会经济制度下，作为国家主体的代表——政府，将会根据经济发展的规律性，通过自身的行为，利用经济、法律、行政手段来调控农村产业生产过程，以实现其既定的经济发展目标。比如，当农产品和价格政策有利于生猪生产时，受比较利益的诱导，农民就会把有限的资源转移到养猪业上，生猪的产量就会上升、比重就会增加，农村产业结构就会发生变化。政府的产业政策及其相关决策是国家对农村产业结构调整进行宏观调控的重要手段。国家为落实既定的产业政策和相关决策，可以通过财政、信贷、税收等经济手段和行政手段按照产业政策的要求，促进或抑制农村产业内部某一产业或某种产品的发展，从而使农村产业结构向合理的方向发展，实现农村产业结构的优化和升级。

综合来看，农村产业生产是利用植物和动物的生物学特性进行生产的，自然条件对于农村产业生产结构的形成具有重要的制约作用。同时，社会经济条件变化，特别是工业发展也会引起社会对农产品需求的变化。一个国家的社会经济发展战略，特别是农村产业发展的长远方针与农村产业政策，往往都要求适当调整农村产业生产结构，但是这些要求都只是影响着农村产业生产结构的变化。农村产业生产结构的重大改变，主要取决于科学技术的进步和生产力发展水平的提高。

## 三、农村产业结构的评价

农村产业结构的合理程度是农村经济发展水平的标志之一。实现农村产业结构的合理化、科学化，无论是在"量"的方面，还是在"质"的方面，都必须遵循其客观规律，把握住农村产业结构的内在特性。

### (一) 建立合理农村产业结构的重要意义

#### 1. 影响着农村产业自然资源的合理利用

任何一个国家或地区的农村产业自然资源都是多种多样的，不同的资源所适应的产业部门和项目也是不同的，所以农村产业结构只有同资源的特点相适应，才能提高农村产业的经济效益，促进农村产业的发展。

#### 2. 影响着农村产业内部各个生产部门和生产项目之间物质能量的相互转化

农村产业结构合理与否关系着能否充分发挥农村产业多个生产部门、生产项目之间物质能量的相互转化、相互利用关系。合理的农村产业结构可以促进这种关系，从而有利于农村产业生产的发展。

#### 3. 影响着能否充分利用农村的劳动力资源

农村产业劳动力资源能否被充分利用同农村产业结构的状况密切相关。因为不同的农村产业生产部门、不同的农村产业生产项目能够容纳的劳动力数量是不同的。

#### 4. 影响着国民经济的发展是否能按比例满足各种农产品的需求

国民经济的发展需要农村产业按比例地提供各种农产品，农村产业生产能够满足这些需求，就能推动社会生产力的发展。而农村产业能否做到这点，以及能在多大程度上做到这一点，都同农村产业结构是否合理有密切联系。

由此可见，农村产业结构合理与否，对于农村产业生产的发展和整个国民经济的发展都具有十分重要的意义。

## （二）农村产业结构合理化的评价标准

农村产业结构的形成及其发展趋势受多方面因素的制约，衡量农村产业生产部门结构合理与否，需要从全局、多方面进行定性与定量分析。具体说来，需要从以下几方面做出判断。

### 1. 农村产业资源利用情况

农村产业结构是否合理要通过分析农村产业资源利用是否合理来判断，农村产业资源利用情况主要包括各类土地资源、生物资源、水资源及其他自然资源的利用率、劳动力利用率、农村产业副产品利用率等。以上指标可以看出资源利用的深度和广度。农村产业自然资源、经济资源对农村产业生产中物质和能量的变换影响很大。充分而合理地利用有限的农村产业资源，是发展农村产业生产特别重要的一个问题，如果资源利用不充分，浪费很大，农村产业生产部门的结构自然就不合理。

### 2. 生态环境状况

对包括森林覆盖率、自然灾害发生率、土壤有机质含量、土质水质中有害物质含量等指标的考核，可以看出农村是不是进行了掠夺式经营，农村产业再生产是否呈良性循环状态。农村产业生产能直接影响生态系统，合理的农村产业生产结构能够保持生态平衡，使生态系统呈良性循环状态，农村产业生产中物质和能量变换也就比较顺利；反之，如果破坏了生态平衡，生态系统呈恶性循环状态，农村产业生产中物质和能量变换受阻，农村产业生产结构肯定不合理。因此，生态环境状况是评价农村产业生产结构合理性的一条重要标准。

### 3. 经济效益大小

经济效益是衡量农村产业生产结构的重要指标之一，主要包括农村产业劳动生产率、单位农产品成本、投入产出比、单位投资收益率、单位面积净产值、人均纯收入等。合理的农村产业生产结构，农村产业内部之间的比例协调，农村产业生产中物质和能量转换的效率必然较高、经济效益也必然较大。

### 4. 满足社会需要的程度

农产品是否满足社会需要是衡量农村产业生产结构是否合理的重要指标，包括主要农产品人均占有量、农产品商品率、农产品商品量、商品农产品总值、主要农产品人均消费水平等。通过以上指标，不仅可以看出农村产业中商品经济的发展程度，农村产业生产的专业化水平，各地的优势是否得以发挥，还可以从中分析农村产业生产结构是否符合国民经济发展的要求，在多大程度上满足了社会对农产品的需要。随着国民经济的发展和人民生活水平的提高，社会对农产品的需求不断增长，对各种农产品需求的数量和比例还会发生变化。在一定的农村产业生产水平下，合理的农村产业生产结构对于满足社会对农产品的需求具有重要作用。

### 5. 农村产业各部门协调发展情况

合理的农村产业结构应是农村产业各部门协调发展的结构。只有遵循农村产业各部门间相互促进、相互补充的原则，才能实现相互间的协调发展。例如，林业能对其他各生产部门的正常生产提供保护，但这种保护只有当森林覆盖率达到一定比例时才能真正有效。因此，任何破坏农村产业各部门间有机联系的行为，均将导致农村产业结构趋向不合理。

以上评价和衡量农村产业结构的标准是相互联系、相互制约的，在评价农村产业结构时，应该从多个方面进行综合的考察。同时，评价一个地区农村产业生产部门结构的合理性，不能只看其微观经济效果，要把这个地区放在全局中考察，看看它给宏观经济带来了什么影响，只有这样才能得出正确的结论。

## (三) 农村产业结构合理化的评价方法

衡量农村产业结构是否合理，通常有四种方法：比重法、类比法、速度法和协调法。

### 1. 比重法

比重法是根据各个产业产值在产业结构中的百分比确定其合理

程度。

## 2．类比法

我们通常用一个地区的产业结构同另一个地区相比，来说明这个地区产业结构的合理程度。

这种类比法在条件大体相同的国家和地区之间进行比较是可行的，但是，产业结构是由许多因素促成的，既有自然因素，也有社会因素，还有历史因素，因此，类比法有一定的局限性。

## 3．速度法

一个部门的发展速度同另一个部门的发展速度比较，或者用一个部门现在的速度同过去的速度比较，以此说明结构是否合理。

速度法也有局限性，因为速度快慢只反映结构在一定时期的发展状态，并不能确切说明产业结构的合理化程度，因此单一地用发展速度说明农村产业结构是不全面的。

## 4．协调法

协调法就是从系统的观点出发，研究农村产业结构运动的内在规律，综合考察生产部门之间在一定时期的合理比例关系使产业结构在生产、分配、流通、消费各个环节不受阻碍地和谐进行。

### (四) 农村产业结构评价指标体系

### 1．反映农村产业结构状况的指标

综合来看，衡量和评价农村产业结构的指标主要有以下三类。

（1）产出结构指标

①价值量结构，即产值结构，它是以货币形式表现的农村产业生产成果中各产业（部门）或各类产品所占的比重，可用来衡量和评价横向结构中第一、第二层次的结构和纵向的农村产业结构。

②实物量结构，它是以实物计算的某类或某种农村产业产出中某种或某类农产品所占的比重，来衡量和评价农村产业内部各业的产品结构、品种结构。

（2）投入结构指标

①农村产业劳动力就业结构，它是指在全部农村产业从业人员中，农村产业内部各产业或某类、某种农产品生产经营所占用劳动力的比重，这是衡量和评价农村产业结构的另一个重要视角。

②农村产业生产用地的使用结构，主要是指各类、各种农作物播种面积比重，各类、各种林木的生产用地比重等结构指标，主要用于衡量与评价种植业与林业的生产结构状况。

③资产结构，通常以农村产业内部各产业（部门）的固定资产存量比重和固定资产投资比重来反映，主要用于衡量和评价农村产业内部各产业（部门）的结构状况。

④科技投入结构，主要包括：不同文化水平的劳动力投入农村产业内部各产业（部门）的比重、农村产业技术人员投入农村产业内部各产业（部门）的比重、科技投资在农村产业内部各产业（部门）间的分配比重、科技成果推广项目在农村产业内部不同产业（部门）的实施比重。

（3）结构变化值指标

前述结构指标都是说明农村产业结构的静态指标，农村产业结构变化值指标则是反映农村产业结构变化程度的动态指标。

①结构变化总值，是指一定时期内农村产业内部结构变化的总量，说明农村产业结构总体的变化程度。

②结构变化平均值，是指农村产业结构变化总值与计算期长度的比值，反映一定时期内农村产业结构的平均变化程度。

应该指出，结构变化值指标只能综合表明农村产业结构变动的程度，从其数值大小不能判断变动趋向及其合理与否。因此，实际应用中需要把这个指标同结构变化的具体方向结合起来，并根据上述标准和原则进行分析，才能得出正确的结论。

## 2. 反映经济效益的指标

反映经济效益的指标主要包括单位面积产量（产值、净产值、纯收入）、劳动生产率、单位产品成本、资金投入产出率（如投资利润率、成本利润率等）等。

### 3. 反映社会效益的指标

反映社会效益的指标主要包括农产品商品量及其构成、农产品商品率、主要农产品的人均消费水平等。

### 4. 反映生态效益的指标

反映生态效益的指标主要包括森林覆盖率、自然灾害发生率、土壤有机质含量、土壤和水中有害物质含量等指标。

## 四、农村产业布局

### （一）农村产业布局的概念

农村产业布局，是农村产业生产发展的一个重要侧面，是农村产业发展的一种地域表现形式，是人类社会自出现农村产业生产活动以来即存在的社会经济现象，是指各国各地区的农村产业各部门（农、林、牧、渔）及其各个生产门类、项目（农业中的粮食作物与经济作物，粮食作物中的水稻、小麦、玉米、高粱、薯类等，经济作物中的棉花、麻类、甘蔗、甜菜、油料等）的地域分布，以及农村产业各部门及其各门类、项目的生产在一定地域范围的组合，又称农村产业配置。它包括农村产业各部门在地区内的分工和在一个地区内农村产业各部门的结合。前者反映农村产业生产的区间关系，表现为不同地区农村产业生产的专业化；后者反映一个地区的农村产业结构。

任何社会只要存在农村产业生产，就会形成一定的农村产业布局。封建社会因生产力水平低下，利用、改造自然的能力很弱，故农村产业布局表现为分散性和自给自足性。资本主义社会时期，随着社会生产力的提高，人们利用、改造自然的能力极大增强，交通运输能力发达，农村产业布局往往表现为农村产业生产的地域化、专业化和商品化。在社会主义条件下，通过国家计划和市场调节，农村产业布局趋向各地区的合理分工和农村产业各部门的合理结合，并逐步由自给、半自给性生产转向较大规模的商品性生产，由单一农村产业经营转向农工商相结合的综合经营。现代农村产业布局的重要任务是适应国民经济发展对农村产业提出的要求，研究地区的自然、经济和技术条件，根据农村产业部门或某一项目对生产条件所提出的特殊要求，遵循客观规律，因地制宜地安排农村产业布局，在提高经济和社会效益的基础上，实现合理的地域分工，使中国农村产业生产逐步实现区域化、专业化、社会化和现代化。

## （二）农村产业生产布局的基本内容

### 1. 农村产业生产条件评价

影响农村产业生产的条件主要有农村产业自然条件、农村产业自然资源与技术条件等方面。缺少对这些条件的评价，就无所谓安排农村产业生产、进行农村产业布局。因此，分析、评价农村产业条件对农村产业布局的影响是研究农村产业布局的一个重要方面。

### 2. 农村产业部门布局

农村产业部门布局是在分析农村产业现状的基础上从各农村产业部门的生产特点出发，根据它们所需要的环境，结合各地区的生产条件，选择适宜区；并通过研究各部门的分布状况、发展变化特点和存在问题，确定农村产业各部门的发展方向、规模、水平、分布与增产途径的布局方案。

### 3. 农村产业地区布局

地区布局的方式是充分发挥各地的区域比较优势，进一步调整区域农村产业结构和生产力，根据国内国际形势发展的需要，按照当地竞争力，满足经济、社会发展和人们生存需要，提高农产品质量，降低生产成本、提高农村产业的整体发展和实现农村产业现代化。

农村产业的合理布局能促进农村产业发展，意义在于：①可以按照国民经济有计划地按比例发展，充分利用当地的农村产业资源以最少的投入达到产出的要求，在全国范围内实现地区的分工协作。②可以逐步实现农村产业生产的专业化和区域化，提高土地生产率和农产品商品率，提高科学技术和经营管理水平，提高设备利用率。③可以促进工业更快发展，从而加快农村产业现代化的进程。产业相互协调，减少和消除不合理的运输，降低成本。④可以协调经济发展和生态环境的平衡。⑤可以促进全国各地区经济的平衡发展，增进民族团结。⑥可以使各地区农村产业生产有明确的发展方向和奋斗目标，从而有利于充分发挥各地区、各单位的积极性和主动精神，推进农村产业的更快发展。

## （三）农村产业生产布局的原则

农村产业生产是在广阔的空间中进行的，由于农村产业生产的经济再生产与自然再生产交织在一起，农村产业生产与自然环境的密切联系决定了农村产业生产具有强烈的地域差异。自然条件是农村产业合理布局的自然因素或自然基础。对农村产业生产布局起决定性作用的另一个因素是社会分工。因为社会分工促进了商品经济的发展，商品经济的发展促进了农村产业的专业化和地域化分工。农村产业生产布局是自然环境、地理位置和社会分工共同作用的结果。因此，在具体的农村产业生产布局中要考虑到以下几个基本原则。

### 1. 充分合理利用自然资源和经济资源的原则

充分合理地利用自然资源、经济资源，是农村产业生产合理布局的首要原则。农村产业生产的劳动对象是有生命的生物体，它们都有着自然生长和繁育的规律，因此，农村产业生产的配置离不开地域特征与自然环境特征的研究和开发。只有因地制宜，才能趋利避害，建立合理的生物生态系统，提高自然资源的利用率和生产率，也才能提高劳动的社会生产率。在既定的自然条件下，经济条件对农村产业生产布局起着重要的影响作用。农村产业生产的合理布局是一个不断发展的过程，它以自然条件为基础，受到经济条件和技术条件的制约。经济的发展和科学技术的进步，使人们对开发自然资源、确定合理布局不断产生新的认识，不断调整布局，在经济不断发展的同时进入相对合理状态。

### 2. 市场需求牵动原则

社会经济联系的整体性决定农村产业生产布局不能仅从农村产业部

门发展出发，还必须考虑一定时期的市场需求，特别是一定地区的城市需求，即非农村产业的需求。农工商一体化的思想、城乡一体化的思想对于农村产业生产的布局是很重要的。在当前经济全球化趋势越来越明显的国际条件下，农产品市场越来越广阔，国际国内市场需求的牵动使农村产业生产布局越来越市场化。生活消费品市场、生产资料需求市场、交通运输条件的共同作用，使农村产业生产布局更具农工商一体化、城乡一体化特色。国际市场和国内市场联动，以城市和市场为中心已成为市场经济条件下农村产业布局的鲜明特点。

### 3. 地区均衡布局原则

农村产业生产要求：突出地区特色，也要均衡布局，要实现全国农村产业生产的平衡发展。积极开发边远地区和贫困地区的农村产业资源既是一个农村产业经济问题，也是一个国民经济发展的战略问题。特别是山区、边远地区农村产业的发展，既涉及经济发展，也涉及政治稳定和国家安定。这些地区虽然人口不多，但地域广阔、资源丰富，只是交通等生产条件较差，从国民经济发展战略高度认识这些地区的农村产业发展问题，从资金、人才、技术等方面支持其农村产业生产和商品经济的发展是一件大事。

## (四) 农村产业生产布局的影响因素

### 1. 自然因素对农村产业生产布局的影响

（1）自然环境

自然环境直接影响农村产业生产布局的选择。在各种自然条件中，降水、气温、日照等要素，往往能够决定某种农产品的布局区域。例如，棉花生产对日照的要求很高，日照时数低的地区就无法种植；茶叶对气温的要求很高，气温达不到的地方基本上无法种植。热带作物、亚热带作物和温带作物在生产地域上的区别等，都反映了自然条件是寻找合适种植地域要考虑的最主要的因素。在农村产业区划中进行农作物适宜区选择时，主要依据的也就是这几种自然条件的情况。

（2）自然资源

农村产业生产的产品直接取自自然资源，它的分布必须与自然资源完全一致。农村产业的发展主要取决于土地的情况。但是，这并不意味着资源对人类的重要性在减弱，而是恰恰相反。由于人口的增长，生产规模的不断扩大，人类所消耗的自然资源的总量与日俱增，而资源存量又十分有限，许多种类的资源正面临枯竭。因此，农村产业生产的合理布局，应充分体现出资源的合理利用和合理配置。

## 2. 社会经济因素对农村产业生产布局的影响

任何一个国家或地区的农村产业结构都不是一成不变的，影响农村产业结构发展变化的因素有自然条件、人口及其消费习惯、粮食供应情况、社会经济制度、交通运输和商品交换的发展、农村产业科学技术的发展应用等。有时这一因素起支配作用，有时另外一些因素起决定作用。从这一点来看，社会生产力发展在农村产业结构发展中起决定作用。人们不可能脱离生产力的发展来推动农村产业生产的发展，或者阻碍农村产业生产的发展。由于生产力是经常发展变化的，而农村产业结构一经形成就会有一种惯性，因而常常会出现农村产业结构不适应农村产业生产发展要求的现象。于是人们根据生产力发展的要求，需要经常注意去调整、改革过时的农村产业结构。这也就是我们之所以要研究农村产业结构问题的重要意义所在。

进行农村产业生产布局时，一般在符合国家或地区的经济发展需要的前提下以农村产业区划为依据，充分考虑下列原则：①扬长避短、因地制宜，根据国家需要和不同地区的自然和社会经济条件，部署最适宜的农村产业生产部门。②生产同原料来源和产品的加工、消费地区相结合，农村产业布局同工业相结合。如建立为工业和城市服务的工业原料、商品粮和副食品供应基地，在原材料产地建立相应规模的农产品加工工业体系等，以利于农村产业的专业化和商品化。③促进农村产业生产地区间的平衡发展，在农村产业发达和较发达地区发展生产的同时，扶持不发达地区的农村产业，使之尽快赶上生产水平较高的地区。

## （五）农村产业生产布局的分析与评价

为了使农村产业生产布局合理化，常需对原有的布局进行分析、评价。其方法除通过定性的分析、研究来揭示原有生产布局中的矛盾，提出改进建议外，还常借助定量分析。其他常用的方法还有投入产出法、线性规划法、系统动态分析法以及与之相适应的各种数学模型，如计量经济模型、投入产出模型、数学规划模型、系统动态学模型等。评价农村产业生产布局方案合理性的指标则包括产量指标（单位土地面积产量、总产量、商品产量）、产值指标（总产值、单位土地面积产值、商品产值）、成本指标（单位土地面积成本和单位产品成本）、劳动生产率指标等。此外，还要考虑生态效益与社会效益等方面的指标。

## 五、经济结构分析

经济发展主要包括经济增长和结构改善，经济结构的状况及其变化，既是社会经济发展的基本内容，又是社会经济发展水平高低的主要标志，还是制约社会经济发展的决定性因素。区分不同经济时代的标志，不是经济增长速度的快慢，而是经济结构特别是产业结构的状况。比如，区分农业经济时代、工业经济时代、知识经济或信息网络经济时代的主要依据就是产业结构的基本特征。农业经济时代是以农业为主导的经济时代，工业经济时代是以工业为主导的经济时代，知识经济或信息经济时代则是以知识产业、信息产业、现代服务业为主导的经济时代。经济结构的改善是比经济增长更为根本、更为重要的发展；经济结构的变迁，既是社会经济发展的结果，又是社会经济进一步发展的动因。优化升级的经济结构能够极大地促进社会经济高效快速发展，不合理的低层次的经济结构则会严重妨碍社会经济发展。经济结构特别是产业结构的状况及其变化，对发展中国家而言更为重要。现在发展中国家之所以比发达国家落后，主要是因为发展中国家的经济增长速度更慢。有些发展中国家的经济增长速度现在虽然比发达国家还要快，但其经济结构不合理且层次低。因此，发展中国家要赶上甚至超过发达国家，不仅要加快经济增长，更重要、更根本的是要改善和提升经济结构。因此，对经济结构现状及其演进规律的研究特别重要，尤其对发展中国家更重要。

### （一）经济结构的概念

一般来说，"结构"是指事物的各个构成部分的组合及其相互关系。经济结构最抽象的定义是指社会经济的各个构成部分的组合及其相互关系。这可以说是广义的经济结构。由于生产方式由生产力和生产关系构成，经济结构相应也分为两大类：一是从生产关系角度来看，社会经济结构即生产关系的构成或社会经济基础的构成，包括所有制结构、生产过程关系结构、交换关系结构、分配关系结构、消费关系结构等；二是从生产力的角度来看，国民经济结构即整个国民经济活动的构成。这两类可以说是狭义的经济结构。

## （二）经济结构的类型

经济结构可以按照不同标准和需要进行分类。一是按照社会经济活动的生产、流通、分配、消费四个环节，国民经济结构可以分为生产结构、流通结构、分配结构、消费结构四大类。其中每大类又可以再细分为小的类型，比如：生产结构中包括产业结构、产品结构、劳动力结构、技术结构、投资结构、分工专业化协作结构、就业结构、规模结构、企业结构、生产的区域结构等；流通结构中包括市场结构、流通的产品结构、流通环节、渠道和方式结构、流通区域结构、进出口结构等；分配结构中包括国民收入的分配结构（初次分配和再分配结构及各自内部的分配结构）、积累（投资和储蓄）与消费的比例结构、积累基金分配结构、消费基金分配结构、分配形式结构等；消费结构中包括消费品种类和比重结构、消费方式结构、消费水平结构、消费主体结构、不同消费主体的消费对象结构等。二是依据社会经济活动的生产及产品的特征和空间分布情况，国民经济结构还可以分为产业结构、城乡经济结构和地区经济结构。

## （三）经济结构与经济发展

经济结构与经济发展，二者互为条件、互为因果。经济结构既是过去经济发展的产物，又是未来经济发展的基础、动力和关键因素。经济结构的状况及其演进对经济发展的影响和作用主要表现在以下几个方面。

### 1. 经济结构的改善是经济发展的重要组成部分

社会经济发展包括经济数量的增长、经济结构的改善和生活质量的提高。由此可见，经济结构的改善就被包含在经济发展之中，经济结构的改善就意味着经济的发展。经济要发展就必须改善经济结构。而且，经济数量增长水平的提高，又有助于经济结构的优化升级，既为经济结构的优化创造了有利条件，又提出了必须改善经济结构的要求。

## 2. 经济结构的状况是经济发展水平的主要标志

衡量经济发展水平的标准主要是经济结构的状况。经济结构特别是产业结构优化的程度是经济发展水平高低的主要标志。经济发展水平不同的农业经济社会、工业经济社会、知识经济或信息经济社会的界定和区分，都以产业结构的状况作为依据。农业经济社会之所以叫农业经济社会，是因为其产业结构以农业为主；工业经济社会之所以叫工业经济社会，是因为其产业结构以工业为主；知识经济或信息经济社会之所以被称为知识经济或信息经济社会，是因为其产业结构以生产和传播知识的产业或信息产业为主。

## 3. 经济结构的改善是经济协调和持续发展的必要条件

要协调发展经济，就必须使经济结构合理，数量比例恰当，投入产出关系均衡，社会再生产的实现条件得到满足，空间布局适当。否则，必然导致比例失调、结构失衡、短缺和积压并存、城乡和地区发展不协调，连再生产都难以维持。要持续发展经济，就必须不断优化升级经济结构，必须发展环保产业、知识技术密集型产业，必须发展节约、保护、高效利用资源的产业，必须合理进行产业布局，适当推进城市化和地区协调发展。否则，必然导致环境污染、资源破坏、生态失衡、城乡和地区差距扩大，根本不可能实现可持续发展。

## 4. 经济结构的状况是经济效益高低的决定性因素

经济结构是决定资源在产业之间和地域空间能否得到优化配置、高效利用的关键性因素。在产业方面，只有使产业结构合理化，才能使资源在各个产业之间得到合理配置和充分利用，防止过剩、积压、浪费和不足、短缺的情况发生；只有使产业结构高级化，才能使产业的资源得到高效利用，并且新资源得以开发利用。在城乡和地区方面，只有使城乡和地区经济结构合理，才能真正发挥出比较优势和后发优势、互相协作配合、扬长避短、取长补短，实现城乡和地区资源的优化配置和高效利用，实现城乡和地区经济的协调高效发展。宏观资源的优化配置，主要体现为资源在产业之间和地域空间的优化配置。经济结构优化带来的产业和地区经济效益不仅是决定宏观经济效益的重要因素，而且使产业和地区效益比企业效益的意义更大。

虽然企业经济效益是宏观经济效益、产业经济效益、地区经济效益的基础，但是，如果整个产业部门生产过剩、地区资源配置不合理和效益低下，单个企业的高效益就会被抵消，总体上等于无效益或低效益。

5. 优化升级的经济结构是经济发展的强大动力

经济结构对经济发展具有双重作用：不合理、低层次的经济结构，使得比例失调、资源浪费、效益低下，城乡和地区差距被拉大，社会矛盾加剧，会严重妨碍经济的发展，使社会需求得不到较好的满足；优化的产业结构，则会极大地推动经济的发展。优化的产业结构，意味着产业比例协调、技术先进、发展层次高，能够实现产业资源的优化配置和高效利用，能够改善供给、增加有效供给、创造新的需求，促使经济快速、协调、高效发展，使社会需求也能得到更好的满足；合理的城乡和地区结构，则能够发挥各自的优势，充分有效地利用各自的资源，缩小差距，促进城乡和地区经济的协调有序发展。

# 第二节　农村经济结构调整

## 一、农村经济结构调整的必要性

（一）有利于改善地区农业产业结构，推动农村经济发展

实施农村经济结构调整，有利于优化与调整传统的农业生产模式，加快地区农业产业的现代化进程，进一步解放农村劳动力，推动第二、三产业的发展，进而实现农村经济的全面发展。从目前我国新农村建设的成果来看，农村经济结构调整在推动农村经济发展方面已经取得了一定成效。农产品加工、销售较之前有了很大的发展，农民收入也在逐年增加，农村经济的发展势头越来越猛，发展形势一片大好。但是，我国农产品的加工与销售仍存在巨大的市场空间。这需要政府、相关职能部

门以及农业生产经营者共同努力，以当前的市场需求为导向，努力实现品种优质化、农业生产规模化以及产品销售多元化、经营目标效益化的农村经济发展目标。

## （二）有利于加速形成开放、统一以及竞争有序的农产品市场体系

农村经济结构优化调整这一战略，是在政府宏观调控下得以制定与实行的。相关的政策和财政支持为促进农村经济发展提供了稳定、有利的市场环境和基础条件。从地区农村经济结构优化调整上来看，各级政府首先打破了以往的市场分割和地区封锁、保护等区域限制，并在此基础上加快了农产品市场的建设步伐。这有利于国内尽早形成开放、统一且竞争有序的农产品市场体系，让市场在推动和引导经济结构调整中发挥更大的作用。

## （三）为新农村建设和城镇化发展奠定坚实的基础

传统农业经济结构形式比较单一，第二、三产业基础薄弱且发展空间狭小，经济发展滞后和长期的落后导致了普遍存在城镇化、工业化及农业产业化和科技化水平较低等系列性问题。农村经济结构优化调整是从根本上解决这一系列问题的有效举措，也是发展农村经济、增加农民收入和地方财政收入的重要途径。农民收入和地方财政收入的增加又会大力推动地方教育的发展和各项基础设施的建设，从而为新农村建设和城镇化发展奠定坚实的基础。

## （四）构建和谐社会的必然要求

改革开放多年来，我国的经济社会面貌发生了巨大的变化，但是收入差距——各阶层之间、城乡之间、区域之间日益加大。差距的日益扩大不利于社会和谐稳定。要改变收入差距过大的局面，不仅要从分配结构入手，还要与产业结构、消费结构的调整共同进行。通过调整收入差距来调整消费结构，促进国内消费，减少低水平、重复性建设投资，进而促进产业结构的升级。同时消费结构的变化也会促进产业结构和分配结构的变化；产业结构的变化又可以影响消费结构和分配结构。也就是说，三者之间相互影响。我国应在三者的相互影响、作用中，优化经济

结构，推动和谐社会的建设。

## 二、农村经济结构调整的原则与重点

### （一）农村经济结构调整的原则

为了实现农村经济结构的合理调整，我国在新一轮农村经济结构的调整与优化过程中必须坚持以下几项原则。

1. 市场导向原则

随着我国市场经济体制改革的深化，市场化农村经济的发展速度不断加快，市场对农村经济结构调整与优化的主导作用日益显著。我国应面向市场、了解市场信息，把握市场趋势，按照市场需求（包括本地市场需求与外地市场需求、现实需求与未来需求）进行结构调整，使生产结构与需求结构相适应，做到供求基本平衡，保护和照顾各方的利益。坚持以市场为导向的原则是农村经济结构调整中必须把握的一项重要原则，也是决定结构调整能否成功的关键。

2. 因地制宜原则

调整农村经济结构，应注重发挥自己的优势。这里说的优势，主要是指农村经济结构调整中的资源优势、技术优势、市场优势等各地与其他地方相对的比较优势。由于各地自然环境、区域位置、生产力水平不同，因而各地优势也各不相同。各不相同的优势是从供给方面影响农村经济结构形成与变化的一个重要因素。在新一轮农业和农村经济结构调整与优化中，我国应从本地实际出发，把发挥自身优势作为调整优化经济结构、提高结构效益的着力点来抓。即在新一轮农村经济结构的调整与优化中，一要挖掘资源优势，二要形成规模优势，三要树立名牌优势，四要发挥市场优势。

3. "三效"协调原则

由于受到各地自然资源、区域条件、人口密度、市场发育及支柱产业的影响，农村经济结构调整可以有多种多样的模式，但在发展途径上，都必须走可持续发展的道路，坚持兼顾经济、社会、生态效益，共同提高的原则，即"三效"协调原则，这是确保农村经济发展有生机、有活力，欣欣向荣、蒸蒸日上的关键所在。

### 4. 示范引导原则

典型示范是教育、引导农民，推进新一轮的结构调整与优化较有效的方法。农民一般都是现实主义者，是讲实际、讲实惠的群体。因此，需要有活生生的典型来增强说服力。我国应抓住结构调整中的典型，搞好示范，让农民一看就懂，一学就会，变"要我调"为"我要调"，从而有效地铲除结构调整中的种种障碍，增强结构调整的群众基础。

### 5. 科技推动原则

农业和农村经济结构调整与优化的效果如何，如产业能否调优、品种能否调良、质量能否调高、规模能否调大、效益能否调好、整个农村经济的素质能否得到根本改善等，取决于科学技术。全面加强农村科技创新机制建设，将高产优质高效技术，农产品深加工综合利用技术，农产品储藏、保鲜、包装技术，节本增效技术等融入整个农业和农村经济结构调整与优化的全过程、各环节中，大力提高产业和产品的科技含量，是结构调整的重要支撑点。

### 6. 循序渐进原则

在现阶段，农村经济结构调整与优化是一项长期艰巨的任务，是一个循序渐进的过程。我国必须按照客观规律，科学规划，有序推进。在实践中应注意三个问题：一是立足全局，不就事论事；二是量力而行，不盲目扩张；三是稳步推进，不操之过急。

## (二) 农村经济结构调整的重点

农村经济结构调整是一个长期的、系统的、复杂的工程。为了保证能够卓有成效地开展农村经济改革，我国必须针对农村经济结构的现状进行分析，指出经济结构调整的重点，以重点带动全局来调整。

### 1. 对农业区域进行优化调整，使农业布局分布更合理

农业产品区域调整是我国农村经济结构调整的重要内容。我国可针对我国目前农产品种植区域的分布情况，打造一批有特色，并具有一定规模的农业经济区域，提高规模效益，同时增强各个区域之间的联系，加强区域间农产品互补，实现各区域经济的共同发展。

## 2. 提高农产品质量

我国传统农业生产太过于注重数量的提高，对农产品质量的要求一直不高。而在如今的经济环境以及市场条件下，只有高质量的农产品才能进一步打开市场。因此提升农产品质量是调整农村经济结构，提升农产品竞争力的关键点之一。

## 3. 调整农产品种植结构

以往农村的农产品种植结构相对单一，使某些农产品供过于求，而且价格低。因此在对农村经济结构进行调整时，要注意对农产品种植结构进行调整，扩大蔬菜、水果、药物等经济作物的种植面积，提高土地单位面积产出效益，以促进农村经济结构的优化转型。

## 4. 调整农村劳动力就业结构

我国目前农村青壮劳动力基本上会选择外出就业，留在农村的多是"老弱病残"。而且农村青壮年劳动力外出务工回乡之后大多数仍务农，就业结构相对单一，造成农民收入增长缓慢。因此要积极鼓励农村劳动力进入餐饮、运输、建筑等行业，改善农村劳动力的就业结构，扩大农民增收空间。

# 三、农村经济结构调整的思路

在新时期，我国农业和农村经济发展的形势将面临重大的变化：农业农村经济的外部环境将更加多变，对自身发展的要求将更加严格，支持的政策将更加有力。因此，当前和今后农村经济结构调整的总体思路是，紧紧围绕农民增收这个目标，以加工经营企业为龙头，以农业合作经营组织为纽带，以科技进步为动力，以农业标准化为基准，全面提高农业和农村经济整体素质和市场竞争力，加快实现由传统农业向现代农业的新跨越。

## （一）以稳粮增收为主线，保持农业稳定

我国粮食产量已经连续多年增产，但在耕地不断减少、消费需求明显增长的背景下，粮食供求平衡任务仍然艰巨。我国应继续按照稳定面积、增加单产、提升品质、提高效益的总体要求，坚持粮食生产的"三

条底线", 即加强粮食综合生产能力建设, 着力提高粮食单产水平, 确保我国 95% 以上的粮食自给率; 实行更加严格的耕地保护制度和节约用地制度, 坚守全国 18 亿亩耕地的红线; 提高粮食产量, 确保人均粮食占有量不低于 400 千克。同时, 加快推进耕地和农村集体建设用地管理制度改革, 形成集约、节约、高效用地的新机制。进一步完善对粮食主产区的利益补偿机制, 增加对产粮大县的奖励补助, 并加快研究其他相应的扶持政策。要加大粮食收购价格提升幅度, 继续加大农业生产和销售补贴力度。

## (二) 以改革分配方式为手段, 夯实发展基础

我国应改革收入分配方式, 改变农业的弱势地位, 改变农民在分配中处于被动和底层的局面, 建立有利于以劳动作为分配依据的社会初次分配制度, 提高农民劳动在社会分配中的比重, 增加农民收入, 改善农业和农村发展的物质经济条件。充分发挥转移支付等手段在平衡社会收入方面的调控作用, 实行国民收入二次分配向农村倾斜的政策。要继续深入贯彻工业反哺农业、城市支持农村和"多予少取放活"的方针, 按照存量适度调整、增量重点倾斜的原则, 加快建立以工促农、以城带乡的长效机制, 不断增加对农业和农村的投入, 强化农业发展的基础。

## (三) 以培养农业人才为方向, 培育新型农民

我国应针对农村青壮年劳动力日渐减少的现状, 采取多种手段, 培育一批有知识、有技能、有方法, 乐于务农、善于务农, 适应规模化、市场化、现代化农业生产新要求的新型农业生产者。要加大农业人才培养力度, 不断开展农村职业技能培训和阳光工程培训, 培养一批农业生产能手和农民技术骨干。加强与大专院校和科研院所的合作, 发挥其技术和人才培养的优势条件, 为农村实用人才培养服务。联合有关部门选拔培养一批科技致富能力强、辐射带动作用大的农村产业致富带头人, 带动周边农民的发展。

## (四) 以转变发展方式为重点, 促进提质增效

要转变传统农业粗放经营的方式, 不断提高农业资源的利用效率与效益, 加强农业资源和生态环境保护, 大力发展农业生物技术产业、生

态农业产业、生物质能产业、农业创意产业、现代农业服务业等新型农业产业。要继续加强农产品质量标准体系建设，保障农产品质量安全，促进资金实力雄厚、企业责任心强、科技管理水平高的公司进行合理的产能扩张或兼并收购，使农产品生产由增长数量向提高质量方向转变，提高我国农产品在国际市场的竞争力。要加强农业科学技术的研究与推广应用，发挥科技在促进农业现代化、产业化、市场化和国际化中的引领和推动作用。

（五）以农村经济组织为纽带，提升服务能力

要继续扶持和壮大农民专业合作组织、农技推广机构、龙头企业等农业农村服务主体。认真贯彻落实《中华人民共和国农民专业合作社法》，尽快研究出台相关配套政策，对从事市场营销、农资采购经营、信息服务、技术推广培训、农产品质量标准与认证、农产品加工运输贮藏、农业基础设施建设的农民专业合作组织，采取给予财政补贴、贷款支持或税收优惠等扶持政策，并积极探索农民专业合作组织承担或参与政府建设项目的有效机制，扶持其不断提升服务能力。继续支持各类农业行业协会和中介服务组织发展，充分发挥其开展技术服务、整合行业力量、提升谈判地位的功能。研究制定和完善在开展农业保险、组织实施有关工程建设项目等方面扶持农民专业合作社、各类农业行业协会和中介服务组织的政策措施。

（六）以对外开放为导向，拓展发展空间

随着经济全球化和市场一体化的深入推进，我国农业发展将面临前所未有的机遇和挑战。我国要准确把握这一趋势，大力提高农业对外开放水平，提高农产品国际竞争力。要大力实施"引进来"和"走出去"战略，既要积极吸纳国外资金、先进技术和人才发展农业，又要鼓励和支持有条件、有实力的科研单位和农业企业"走出去"，开辟境外农业资源开发新渠道，积极参与农业国际竞争；大力发展外向型农业，加快建设农产品出口创汇基地，鼓励各种所有制形式的企业投资开发外向型农业，扩大优势农产品和加工制成品出口。加强农产品进出口宏观调控，规范和完善农产品进口管理，建立农产品贸易快速反应机制，有效

保护我国农业。

## （七）加快农村土地流转，促进土地集约化经营，推动产业结构调整

实行土地流转，可以解决外出务工人员的后顾之忧，减轻留守人员的劳动负担，还可以充分发挥土地资源使用价值。当前，我国要做好土地流转工作。一要客观分析当地的自然地理、区位条件，理性剖析发展现状，合理引进招商单位。二要积极开发第二、三产业，在解决好失地农民的再就业问题的同时，统筹好三大产业协调发展。三要多方拓宽招商渠道，探寻土地集中经营的新模式，更好地促进农业农村经济发展。

## （八）以统筹城乡为基础，促进社会公平

农村作为第一产业的集中地，提供了生存支持系统和生态环境的保育功能，城市作为第二产业与第三产业的集中地，提供了产品、服务及相应供需支持系统，从区域的整体上是互补的和不可分的。只有把城市纳入区域的整个体系之中，各城市优势互补、功能互补，并且始终把农村作为区域的基底平面，才能对于城市的发展和城乡统筹有一个全面的认识。一方面，我国要加快城市化进程；另一方面，我国要提高城市素质。城市化有助于促进城市素质的提高，同时，统筹城乡发展，也可以为迅猛发展的城市化进程奠定牢固的基础。强化城市对区域经济的带动作用，增强城市生态环境的综合功能。在建设新型城乡关系中坚持平等原则、开放原则、互补原则、协调原则，破除旧体制，促进城乡融合发展。

# 第七章　农村经济组织与
# 产业经济的创新发展

## 第一节　农村经济组织理论

我国农村经济组织形式的变迁，是随着社会、经济、政治等综合环境因素的变化而发生的。要实现乡村发展，推进传统农业向现代农业过渡，农业产业化是必然趋势，其原因包括以下两方面：一方面，由于社会经济环境变化和政府改革与制度创新的引导，农业经济组织形式自身不断优化和改进；另一方面，随着市场经济的发展，不断出现改革农业经济组织形式的迫切需求，市场经济与农业经济组织形式的关系往往处于不断地发展变化之中。在当前阶段，随着市场经济的发展，尤其是我国加入 WTO（世界贸易组织）之后，农业经济组织形式发生了深刻的变化，这是为了更加切合市场经济的需要，更好地切合市场竞争并提高社会整体资源的配置效率。

经济组织是为了实现特定的经济目标而从事经济活动的单位和群体。它是社会生产关系的体现，是一定劳动组织形式，是一定生产要素配置和组合方式。社会再生产过程是由经济组织实施并完成的。人类社会的经济活动，均是在经济组织内或经济组织之间进行的。由此可知，人类社会的一切经济活动，有其一定的经济组织形式和基本单位。

经济组织有其特定的社会性质、组织形式和经济功能。

经济组织的性质由社会经济制度的性质决定。它既是生产关系的具体表现形式，又是生产力的具体组合形式。经济组织形式在一定所有制基础上随生产力的发展而变化。家庭是小私有生产和个体劳动的组织形式。企业是社会化商品生产的经济组织形式。从家庭向企业演进，是经济组织形式的根本性变革。但这一演进要经历一个漫长的时期，其间二者会互相交错，出现重叠的具体形式，例如，家庭农场、家庭工厂、家庭商店等家庭式的企业。企业也采用家庭式的组织形式和经营管理方式。即企业家庭式经营管理方法。当今世界各国都有采用家庭或企业，甚至家庭企业一体化的管理方式来进行生产。

经济组织功能是指经济组织所拥有的实现经济目标的物质技术力量和组织力量。经济组织功能除了受到物质技术力量和组织力量的限制外，还受到社会制度、生产关系和经营方式等影响。经济组织形式包括具体经济单位组织形式和经济单位之间相互联系的组织形式。

## 一、农村经济组织的概念

### （一）家庭农场的概念

家庭农场，一个起源于欧美的舶来名词，在中国，它类似于种养大户的升级版。通常定义为：以家庭成员为主要劳动力，从事农业规模化、集约化、商品化生产经营，并以农业收入为家庭主要收入来源的新型农业经营主体。

### （二）农民专业合作社的概念

农民专业合作社是以农村家庭承包经营为基础，通过提供农产品的销售、加工、运输、贮藏以及与农业生产经营有关的技术、信息等服务来实现成员互助目的的组织，从成立开始就具有经济互助性。拥有一定组织架构，成员享有一定权利，同时负有一定责任。

### （三）农业企业的概念

农业企业是指使用一定的劳动资料，独立经营、自负盈亏，从事商品型农业生产以及与农产品直接相关活动的经济组织。

### （四）农业科技园区的概念

所谓农业科技园区，就是以调整农业生产结构、增加农民收入、展示现代农业科技为主要目标，在农业科技力量较雄厚、具有一定产业优势、经济相对较发达的城郊和农村划出一定区域，以农业科研、教育和技术推广单位作为技术依托，由政府、集体经济组织、民营企业、农户、外商投资，对农业新产品和新技术集中开发，形成集农业、林业、水利、农机、工程等高新技术设施、国内外优良品种和高新技术于一体的农业高新技术开发基地、中试基地和生产基地。

## 二、农村经济组织的类型

### （一）家庭农场的类型

#### 1. 从生产的内容划分

可以分为三类：第一类是专业家庭农场；第二类是兼营家庭农场；第三类是综合家庭农场。所谓专业家庭农场是指专门从事某类动、植物以及其他副业生产的农场；兼营家庭农场是指以一业为主，兼营其他一些生产项目的农场；综合家庭农场是农林牧渔以及工副业混合经营的农场。据统计分析，各类家庭农场所占的比例不等，一般来说，前两类占家庭农场数量的 $80\%\sim90\%$。

专业家庭农场从其产品的性质看，还可以分为：家庭种植场、家庭渔场、家庭畜牧场、家庭林场以及家庭小工厂、小作坊等。

#### 2. 从经营的形式划分

可以分为以下几类：

（1）以家庭为单位承包，并以家庭成员的劳动力进行生产和经营的家庭农场，这类农场约占 $67\%$。

（2）联户家庭农场。联户一般是以血缘关系的父子、兄弟、妯娌等组合的居多，有些则是由好友组合的。

（3）挂户家庭农场。所谓挂户是以家庭为主，其他单身职工自愿参加所办的农场。

（4）以家庭为单位，请帮工生产的家庭农场，这类农场所占的比例较小。

### 3. 从经营的性质划分

可分为两大类：一类是生产性的家庭农场，包括农林牧副渔业生产；另一类是服务性的家庭农场，包括产前、产中和产后各种以服务性为主的农场以及家庭托儿所、家庭食堂等。目前，在这两类家庭农场中，前者占 95% 以上。

## （二）农民专业合作社的类型

### 1. 按照领办主体分

#### （1）乡村精英领导型

这种类型的农村专业合作组织一般由多年从事生产、运销、技术推广和村镇管理的乡村专业大户、经纪人、技术员和村干部等精英牵头，联合从事同种专业生产的农民自发创立。这些乡村精英多数技术上有专长，善经营、会管理，有丰富的种养经验或营销经验，并有一定的社会资源和社会影响。具体有：专业大户引领型、技术能手领办型、运销大户或经纪人领办型、乡村干部带动型。

#### （2）龙头企业带动型

一般采取"企业＋专业合作社＋农户"的生产经营模式，由农户负责农业生产，专业合作社侧重联系和服务，公司侧重产品营销和加工。农村专业合作社与龙头企业之间通过合同关系或股份合作关系保持稳定的业务联系和利益联结。

在农业产业化经营过程中，由于加工流通企业的拉动效应，常被相关的研究者和政策制定者称为"产加销""农工贸"一体化经营的"龙头"。高度发达的现代加工流通企业，特别是具有规模化生产和销售市场的食品加工企业，亟须建立质量稳定的原材料批量供应基地和组织，这就为龙头企业主动引导农户创建专业合作社提供了动力。

（3）集体经济依托或改制型

由乡村集体经济改制形成。依托村或乡镇、社区组织优势，以社区组织的人力、物力为后盾，吸收本村及周围农村从事同一专业生产的农民建立合作社，发展专业化生产，实行社会化服务和企业化管理。具有一定的区域性。多是村集体延伸兴办服务组织，各村经联社干部指导农民生产，组织集中销售，使农民增收。具体有：乡镇供销合作社转制形成"支部＋协会"型。

（4）政府部门引导型

政府部门引导型的农村专业合作社通常是指政府相关部门为了贯彻农业发展战略，利用政府行为号召农民联合起来，并具体指导和帮助农民组建形成具有合作性质的农村经济组织的一种模式。这类专业合作组织的组织体系都是在政府主导推动下形成的，或多或少地带有官办的色彩。

2．按生产、再生产环节分

（1）生产合作社。即从事种植、采集、养殖、渔猎、牧养、加工、建筑等生产活动的各类合作社。如农业生产合作社、手工业生产合作社、建筑合作社等。

（2）流通合作社。从事推销、购买、运输等流通领域服务业务的合作社。如供销合作社、运输合作社、消费合作社、购买合作社等。

（3）信用合作社。即接受社员存款，贷款给社员的合作社。如农村信用合作社、城市信用合作社等。

（4）服务合作社。即通过各种劳务、服务等方式，提供给社员生产生活一定便利条件的合作社。如租赁合作社、劳务合作社、医疗合作社、保险合作社等。

3．按照专业范围分

（1）种植合作社。

（2）养殖合作社。

（3）加工合作社。

## （三）农业企业的类型

根据不同的分类标准可以把农业企业做多角度的分类，一般可做如下划分：

（1）按照农业生产经营的范围，可以分为种植业生产企业（如粮食生产、棉花生产和油料生产等）、林业企业、畜牧业企业和渔业企业等。

（2）根据要素集约化差别和程度，可以分为劳动密集型农业企业、资金密集型农业企业和技术密集型农业企业等。通常情况下，农业生产环节的企业多半是劳动密集型企业。

（3）按照在农业产业链中经营的内容和重点，可以分为农业生产资料供应或技术服务企业、农业生产企业、农产品加工企业与销售服务企业等。有些企业涉及的经营领域覆盖了农业产业循环过程中的两个以上环节，可以叫作涉农公司，组织化程度较高的可以叫作农工商一体化企业。

（4）根据农业企业的融资渠道，可以划分为独资企业、合资企业和股份制企业。

随着我国经济体制改革的深化和农业产业化经营的推进，农业企业的具体形式将呈现出多样化、高级化的发展趋势。

## （四）农业科技园区的类型

综观中国各地兴办的各类现代农业科技园区，从项目、经营方式、生态类型和科技示范目的等角度可以划分为以下类型。

**1. 按国家和地方项目划分：**

（1）国家级农业高新技术开发区。

（2）工厂化高效农业示范区。

（3）持续高效农业示范区。

（4）现代农业示范区。

（5）国家农业综合开发高新科技示范区。

（6）省、市级农业科技园区。

## 2. 按经营主体划分

（1）政府兴办型

通常以社会效益、生态效益为主的生态保护园区或关系国计民生的重要农业科技园区均采用政府兴办型。这类园区一般是由中央和地方政府及有关职能部门直接投资建设和管理，通常以农业科技示范项目的形式安排，政府负责园区建设主要资金的筹措，出资额一般在50％以上。如国家农业综合开发办设立的高新科技示范项目，投资的构成是中央财政600万元、地方财政600万元、银行贷款600万元、企业自筹300万元，其比例为1∶1∶1∶0.5。

（2）教学科研院所与地方政府联营型

这类园区的特点是以实验基地为基础，由科研教学单位和地方合作投资兴建，共同开发农业高新技术成果。前者把取得的农业高新技术成果直接转化植入后者的生产过程，形成科学技术与生产过程的有机结合，使农业高新技术成果迅速转化为生产力。在教学科研院所与地方政府联营型中，虽然研究和生产分属两个独立行为主体，但由于存在共同的经济利益，即对项目的开发研究和成果应用的共同投资，风险共同承担，利益共同分享，从而保证了农业科技园建设和生产过程的正常运行。

（3）民间兴办型

这类园区主要是由集体经济组织、企业、外商、个人等投资兴办，多以股份制公司的形式进行经营管理。民营科技园区作为市场经济孕育出的科技与经济综合体，正以灵活的运行机制展现出顽强的生命力。

（4）民办官助型

这类园区的基本特征是由集体经济组织、企业、农户等作为投资主体，政府及其职能部门提供部分资金和信息，帮助协调关系，保证优惠的政策环境，促使区域健康发展。政府下属的事业单位也可以技术、资金入股的形式合资联办，参与管理。

### 3. 按生态类型划分

（1）城郊型农业科技园

这类园区一般建在大中城市市郊。因靠近大中城市，既可为城市居民提供高品质、无污染、无公害、科技含量高的鲜活的农产品，同时还起到改善城市生态、居民生活环境，为城市居民提供休闲旅游的场所，为中小学生提供绿色教育服务，满足城市人民物质和精神需要的作用。如北京的锦绣大地现代农业科技园区等。

（2）平川粮棉生产型科技园

这是一种建于平原粮棉产区，以粮棉生产为主，推广优质高产的农作物新品种，综合运用先进的栽培管理，平衡施肥，节水灌溉等新技术，通过种养加工相结合，促进养殖业、加工业、农副产品的综合利用，使农产品转化增值的现代农业科技示范园区。

（3）丘岗山地生态型农业科技园区

这是建在经济、科技较发达的山区或丘陵地区，以园艺、林果等为主，多种经营并存，为开发山区做示范的农业科技园区。丘岗山地生态型农业科技园区有以下几种：①立体农业示范园区。主要是指在一个区域内，根据不同的海拔和气候条件进行山地、丘陵、滩涂、河谷的垂直梯度开发。在坡度较大、海拔较高的山地发展用材林；在坡度较小、海拔较低的丘陵区发展林果业；在滩涂、河谷发展粮食、蔬菜生产等。②庭院经济开发示范园区。现代庭院经济主要以农户庭院为依托，包括庭院周围的荒山、荒地、荒水。③名、特、优产品开发示范园区。丘岗山区一般具有独特的气候和土壤条件，有利于发展某些名、特、优农产品。

（4）治理生态和保护环境的科技园区

这是一种以保护生态环境、治理土地沙化和草原退化为主要示范内容的科技园区。如国家林草局批准建立的福建南平等 6 个地区林业科技园区就属此种类型。

## 4. 按示范内容划分

### (1) 设施园艺型

这类园区是一种以玻璃温室、节能日光温室和塑料大棚等现代化农业设施为基础，采用现代工程技术手段和工业化生产方式，为植物生产提供适宜环境，使其在适宜的生存空间内得到较高的产出、优良的品质和良好的经济效益的园区。

### (2) 节水农业型

这类园区一般建在缺水干旱地区，以改善地面灌溉条件，提高水资源利用率为目标采用喷灌、滴灌等高新节水技术，把节水灌溉技术与农业节水措施结合在一起，形成综合的农业节水技术体系。

### (3) 生态农业型

这类园区是以资源可持续利用和农业生态良性循环作为主要示范内容，注重把传统农业精华和现代科技相结合，采用系统工程的手段发挥系统整合功能，通过物质循环、能量多层次综合利用和系统化深加工实现经济增值，实现废物、弃物的资源化利用，改善农村生态环境，提高林草覆盖率。减少水土流失和污染，提高农产品安全性。

### (4) 农业综合开发型

这类园区是在农业综合开发土地治理项目的基础上，引进一批新品种和先进的集约化种养技术，发展一批以农副产品加工为主的龙头企业，建立连片的农副产品加工基地，促进农产品深度开发的多层次加工增值，培育新的农业经济增长点，带动种养产业升级。

### (5)"三高"农业型

这类园区主要以先进农业技术为先导，以发展"高产高质高效"农业技术示范为主要目的。这是一种通过引进和推广优质的动植物品种，进行作物高产栽培技术和良种动物养殖的示范和推广，以提高粮、棉、油、肉、奶等的产出，获得高质量农产品的现代农业生产经营模式。大部分平川型和丘岗山地农业科技园都属于这种类型。

(6)"外向创汇"型

这类园区是一种以发展外汇型农业为主要出发点，以出口创汇，开拓国外市场为目的而建设的现代农业科技园区。有的以高新技术嫁接和改造传统农业，开发传统名优农产品出口。有的以引进国外优良品种和育种技术，采用"两头洋，中间土"的模式，带动农户进行产加销一体化。

以上各种类型的农业科技园区是相互交叉、相互渗透的，有些农业科技园区很难独立划分，属于几种类型的结合。以上分类只是为研究分析农业科技园区提供参考。

## 三、农村经济组织的特征

### (一) 家庭农场的特征

家庭经营仍然是我国农业最主要、最合适的经营形式，这种小规模土地家庭经营格局是由我国人多地少的基本国情决定的。

1. 家庭经营

家庭农场是在家庭承包经营的基础上发展起来的，它保留了家庭承包经营的传统优势，同时又吸纳了现代农业要素。经营单位的主体仍然是家庭，家庭农场主仍是所有者、劳动者和经营者的统一体。因此，可以说家庭农场是完善家庭承包经营的有效途径，是对家庭承包经营制度的发展和完善。

2. 适度规模

家庭农场是一种适应土地流转与适度规模经营的组织形式，是对土地流转制度的创新。家庭农场必须达到一定的规模，才能够融合现代农业生产要素，具备产业化经营的特征。同时，由于家庭仍旧是经营主体，受资源动员能力、经营管理能力和风险防范能力的限制，使得经营规模必须处在可控的范围内，不能太少也不能太多，表现出适度规模性。

### 3. 市场化经营

为了增加收益和规避风险，农户的一个突出特征就是同时从事市场性和非市场性农业生产活动。市场化程度的不统一与不均衡正是农户的突出特点。而家庭农场则是通过提高市场化程度和商品化水平，不考虑生计层次的均衡，而是以营利为根本目的的经济组织。

### 4. 企业化管理

根据家庭农场的定义，家庭农场是经过登记注册的法人组织。农场主首先是经营管理者，其次才是生产劳动者。

## （二）农民专业合作社的特征

（1）在组织构成上，合作社以农民作为经济主体，主要由进行同类农产品生产、销售等环节的公民、企业、事业单位联合而成，农民至少占成员总人数的 80%，从而构建了新的组织形式。

（2）在所有制结构上，合作社在不改变家庭承包经营的基础上，实现了劳动和资本的联合，从而形成了新的所有制结构。

（3）在收益分配上，合作社对内部成员不以营利为目的，将利润返还给成员，从而形成了新的收益分配制度。

（4）在管理机制上，合作社实行入社自愿，退社自由，民主选举，民主决策等原则，构建了新的经营管理体制。

## （三）农业企业的特征

农业企业除了具有一般企业共有的属性之外，还具有以下特征：

（1）农业企业的经营对象是农作物和农产品。这是农业企业区别于其他工商企业最显著的特点。农产品生产涉及多种自然因素和经济因素，有些因素可以控制，有些因素则无法控制。农产品具有生产资料和消费资料的双重性。

（2）农业企业的经济效益带有很大的不确定性。由于农业生产过程周期长，受客观因素尤其是自然条件的影响较大，不可控因素较多，加之市场风险的影响，使农业经营风险较大，投入和产出的因果关联常受偶然因素的影响，经营结果难以确定，经济效益常有波动。

（3）农业企业作为农业生产的基本单位，其组织形式灵活多样，规模可大可小，可以是一个家庭、几个家庭的联合或公司等；可以是法人企业，也可以是非法人企业（如业主制企业和合伙制企业）。但这并不意味着对农业企业规模没有要求，在经营规模狭小时，农业经营便会丧失规模经济效应，因此农业企业也必须讲求适度规模经营。

（4）由产业的特性所决定，农业生产受自然因素制约而周期较长，农业生产决策以及产品结构调整对市场需求变动的反应相对迟滞，决定农业企业经营成败的因素错综复杂，加大了农业企业经营决策的难度。

（5）农业生产经营活动的分散性给企业的生产组织、劳动管理和供销管理等经济活动带来复杂性，同时农业生产条件较差，工作环境较艰苦。

## （四）农业科技园区的特征

所谓农业科技园区，就是以调整农业生产结构、增加农民收入、展示现代农业科技为主要目标，在农业科技力量较雄厚、具有一定产业优势、经济相对较发达的城郊和农村划出一定区域，以农业科研、教育和技术推广单位作为技术依托，由政府、集体经济组织、民营企业、农户、外商投资，对农业新产品和新技术集中开发，形成集农业、林业、水利、农机、工程等高新技术设施、国内外优良品种和高新技术于一体的农业高新技术开发基地、中试基地和生产基地。

### 1．设施新

与传统农业技术推广和示范基地不同，农业科技园区采用大量现代农业设施进行生产。这些设施包括工厂化设施（温室、节能日光温室、钢架大棚）和节水农业设施（喷灌、滴灌），其生产功能齐全，能对特定的生产场地进行部分和全部调控，减少自然灾害的影响，为动植物生产提供适宜的生产环境。如辽宁、山东、河北等省将日光温室保护设施用于草莓、花卉、果树、食用菌等的反季节生产，获得了显著的经济效益。

### 2. 品种新

大部分农业科技园区以引进动植物的优良品种作为农业科技示范的主要内容。园区种植的蔬菜是名特优稀品种，如樱桃番茄、西葫芦、莴苣、红叶生菜、日本鱼翅瓜等新优蔬菜品种，种植的水果是美国红提、东亚葡萄、金花梨、日本甜柿、网纹甜瓜等外来品种，养殖的是瘦肉型猪、樱桃谷鸭、罗斯鸡等。这些品种品质优良、抗病性强，具有较高的经济价值和市场效益。

### 3. 技术新

采用高新技术改造传统农业，对传统农业技术进行嫁接和组装，已成为许多农业科技园区的主要示范内容。目前用于园区的农业高新技术主要有无土栽培、组培快繁、温室调控、工厂化育苗、节水灌溉、生物防治、胚胎移植、无公害蔬菜生产、农产品精加工等多种技术。如山东烟台市针对水资源短缺，从以色列、美国、奥地利、法国引进先进的节水灌溉技术，在农业科技园区示范后，普遍推广到全市，取得了年节水4亿立方米、直接经济效益3亿多元的好成绩，成为全国第一个国家级节水农业示范市。

### 4. 机制新

农业科技园区经营运作采用新的运行机制，在原有家庭承包制的基础上，打破传统的小农经营模式，进行机制创新，把现代农业企业管理机制引入农业科技园区的建设和经营。目前，园区经营运作方式可分为三种。第一种是双层经营方式。即集体经济组织负责投资建成园区的基础设施后，由农户自愿承包、自主经营、自负盈亏。第二种是农业公司式。即由投资业主直接与村组、农户打交道，签订土地租赁合同，将土地使用权租赁过来，实行独资开发，个人经营。第三种是政企经营模式。其特点是由政府及有关职能部门直接投资建设，建成后在园区建立管委会，招商引资进园开发经营。

## 四、农村经济组织创新

### (一)专业户和重点户

农耕地承包养殖逐渐向其他擅长领域发展,在尝试中摸索出适合的养殖技术,抑或销售渠道,重点发展某一领域,逐渐在农村经济发展中脱颖而出,成为某一生产领域的专业户、重点户。

### (二)农村新经济联合体

为克服传统土地流转与承包的单一性生产问题,许多农户在发展成为专业户、重点户的同时,逐渐将传统农业与林、牧、渔等产业联合起来,实现多产业联合经营,相互渗透。

### (三)农村专业技术协会

专业技术协会是以专项生产为基础,以该项生产的技术为核心,同行之间、农户之间组织成立新型合作组织。这类专业协会主要分布在养殖业及种植业中技术较为复杂的非粮食作物种植领域。由于该类型的专业协会既不触动家庭经营的基础,又以具有较强吸引力的技术为纽带,因而深受农户的欢迎。

### (四)公司+农户的合作组织

公司+农户的合作组织这种形式在国际上较为通用。它是以专业化的生产厂商或销售厂商为中心,借助公司在资金、技术、设备、科研和市场营销等方面的优势,把分散的生产农户组织起来进入市场的一种组织形式。公司具有完备的产前、产中和产后服务体系,可以帮助农户解决生产中出现的问题。公司出于经营活动最终获利的考虑,将会照顾到农户的经济利益。农民也会从自身生产和营销等不利因素出发,从发展生产、提高收入的角度照顾到公司的利益。这种组织形式由于把产、供、销放在一起统一考虑,把农户和公司的利益捆在一起,因而使农民的权益得到保障,在实际运营中受到农户的欢迎。

我国农村合作经济组织不论在合作领域,还是合作组织数量上都远远不能满足农村经济发展的需要。农村合作组织的建立还缺少必要的法规指导，存在组织运作不规范、成员正当利益得不到保障等问题，这些问题得不到解决，将影响合作经济在数量和质量上的提升。

家庭经济比大农场式的经营更迫切地需要组织建设完备、运行操作规范的经济合作组织，从这一点上看，我国农村正在经历一个合作经济组织发展的高潮。

# 第二节　农业现代化产业经济的创新发展

## 一、现代种业发展趋势与技术

种业是农业的芯片，是落实"中国人要把饭碗端在自己手里，而且要装自己的粮食"战略的核心，是全面提升农产品加工原料品质、促进国民营养健康水平、优化农业生产结构的关键抓手，是贯彻"藏粮于地，藏粮于技"，链接农业全产业链，提升中国农产品生产效率、产品品质，优化农业生产可持续性的核心产业：重视并加快发展种业相关技术，对提升中国种业产业主体竞争能力，缩小国内外种业科技水平差距，支撑现代农业发展，保障粮食和产业安全，焕发产业主体活力具有重大意义。

种业现代化包括种业全产业链中的每一个环节，现代种业的科技创新包括种质创新、品种选育、种子生产、种子加工等，涉及种质资源收集与保藏、基因编辑、性状发掘、栽培生产等不同领域技术，伴随中国农业发展，中国种业科技创新经历了由各自为政到全国一盘棋、由依托经验到科技引领，创新能力、创新人才、创新平台由弱到强。当前种业科技正以 CRISPR/Cas9 为代表的新一代基因编辑技术为引领，以更短周期选育品质更好、抗病虫抗逆效果更优、养分利用更高效的新品种；同时通过发掘作物重要性状、解析功能基因、结合育种目标、开发广适性的遗传转化体系，能够进一步加速新品种选育效率，有力支撑现代种业发展。

## （一）现代种业发展趋势

一是市场开放加速产业主体提升竞争水平。改革开放以来，种子从地域管控的生产资料，转变为可流通的商品，极大地推动了中国种子到种业的发展，种子商品化率逐年快速提高，种子产业主体开始形成，中国通过政企分开、事企脱钩、逐步开放等一系列重大举措，打破了种子管理机构独家经营种子的体制藩篱，推动中国现代种业快速发展，种业产业主体快速增加并开始壮大。

二是科技创新成为产业主体赢得市场的最核心竞争力。以科技投入为代表的研发创新能力差别成为种业产业主体竞争的核心优势，并会在新的研发成果进入市场的过程中进行新一轮行业并购和集中度提升，成为产业领先主体进行多轮扩张的核心竞争力。

三是全球化跨领域市场竞争将成为种业产业发展的新常态。当前世界经济增长速度放缓，单边主义和保护主义抬头对全球化市场之间的要素快速流通和产品推广造成一定影响，但在多边主义和自由贸易为主流的世界格局下，市场全球化的方向没有改变。

## （二）现代种业前沿技术

随着基因编辑、基因测序和基因组学等技术的快速发展，育种技术从常规杂交育种进入了分子育种时代，极大扩展了育种技术的边界，材料技术、信息技术、大数据与智能技术的融入加速了种业科技研发效率，未来可持续性、代际稳定性、高生产效率、抗病抗逆及营养等功能性品种开发将会成为种业创新的主题。

### 1. 全基因组测序和关联分析

作物品种参考基因组序列图谱绘制、全基因组重测序和关联分析研究逐渐成为未来重要的发展方向。利用近缘种、农家种、主栽品种及其远缘杂交所构建的异位系、附加系、代换系及突变体库等材料进行全基因组重测序；开展亲缘种复杂性状的基因组学、表观基因组学、比较基因组学和进化基因组学研究，在全基因组水平上揭示品种起源与驯化历史，以及多倍体、二倍化遗传与表观遗传学机制，解析作物品种重要农艺性状形成的遗传调控网络，发掘并利用优异等位基因；拓展野生种质资源研究，从野生资源的收集、保存转向深入研究和利用，通过遗传群体构建或多种质资源的深度重测序，充分利用和挖掘野生遗传资源。

## 2. 表型分析平台建设和技术创新

中国作物品种种质资源丰富，构建的遗传群体数目庞大，用于表型鉴定花费的人力、物力不计其数，如何快速准确地获得植物单株或品系的表型数据，一直是种业科技工作者面临的困境。表型分析平台就是新兴的、可以进行种质资源表型研究和精准鉴定的大型科学装置或设施，利用高分辨激光/软射线成像系统、高精度图像解析与重建等方法和技术，搭建表型分析平台，如无人机搭载高清摄像机或红外仪等，通过遥感技术实现对大范围田间作物的表型采集。

## 3. 功能基因组研究

功能基因组学已成为目前生命科学的研究热点与重点发展方向。随着人类基因组、模式动植物基因组等测序工作的相继完成，生命科学从整体上已进入以功能基因组学研究为核心的后测序时代，开发快速图位克隆技术、功能基因快速定位技术。

## 4. 基因编辑技术

基因编辑技术是利用人工核酸酶对基因组进行靶向修饰的遗传工程技术。在不断地探索研究中，基因编辑技术已经从最初依赖细胞自然发生的同源重组，发展到几乎可在任意位点进行的靶向切割，其操作的简易性和高效性极大地推动了物种遗传改造的发展。

CRISPR/Cas9 基因编辑系统由于设计简便及高效的特点，已经成为目前应用最为广泛的基因编辑技术。小麦、水稻和玉米三大重要农作物成功实现了单碱基编辑技术并运用到性状改良上。此外，通过将 CRISPR/Cas9 蛋白和 gRNA 在体外组装成核糖核蛋白复合体（RNP），再利用基因枪法进行转化和定点编辑，成功建立了全程无外源 DNA 的基因组编辑体系。基因编辑技术将最大程度减少监管，建立起精准、生物安全的新一代育种技术体系，加快作物基因组编辑育种产业化进程。

### 5. 芯片开发及辅助育种

长期以来，局限于不同作物品种功能基因的数量和注释信息太少，分子辅助育种技术一直无法推广，伴随着基因组测序和基因克隆技术的发展，会有越来越多的作物功能基因被克隆和应用到分子育种实践中，同时，针对不同特征基因将会开发出丰富的基因检测芯片，快速鉴别筛分特征性状，大幅提升高通量品种筛选鉴定效率，从而辅助育种。

## 二、食品产业发展与技术

食品产业是中国国民经济发展的支柱产业，也是十分重要的民生保障，肩负着为广大人民群众供给安全卫生、营养健康食品的职责。在国际上，食品产业被称为永不衰败的朝阳产业，是国际社会发展重要的研究主题之一。现代食品产业可以利用农牧产品，增加农民收入，助力乡村振兴，充分利用先进的食品加工技术，支持科研机构、高等院校、大型企业采用新工艺、新技术开发科技含量高、附加值高的新产品，提高精深加工产品和新产品的比重，提升农产品转化增值能力及企业核心竞争力；推进商业模式创新，建立"互联网＋"网络电商平台（线上平台），通过线上交易、交流、宣传、协作等，提升食品产业附加值和软实力，通过产业链延伸，促进农村第一二三产业融合发展，增加农民收入，助推脱贫攻坚。

当前，中国食品产业处于历史性的战略转型期，食品产业逐渐向高端制造、绿色环保、技术创新、全球化方向发展，这既是食品产业发展的挑战，更是机遇。因此，全面实施食品科技创新，搭建创新平台，推进科技成果转化，把科技创新作为加快食品产业升级的重要支撑，具有重大意义。

### （一）食品产业发展趋势

随着全球经济和社会格局的持续变革和科学技术的创新引领及学科之间的交叉融合，食品科技创新与产业发展正迎来一个难得的战略机遇期，食品产业已不只是为了简单满足人们对食物的基本需求，更是融合第一二三产业的关键一环，承担着经济转型与社会可持续发展等新的职责。

近年来，中国在食品科技研发方面的投入持续增加，已取得了十分显著的进展：在食品科技核心关键技术领域取得了重大突破，搭建了更多的产学研结合的对接平台，进一步完善了食品行业标准体系，为中国食品产业的健康可持续发展提供了有力支撑。

1. 肉类加工业

近年来，中国畜牧业发展迅速。但中国农业供求失衡带来的结构性问题日益凸显，畜牧业同样面临随着社会经济的快速发展，人民生活水平大幅提升，对肉类食物的消费需求也在逐步升级，向更多品种、更方便、更安全、更营养的肉类精深加工方向发展。当前，中国肉制品产业已由过去的数量不足。我国转变为结构性短缺，其根本原因是供给侧的体制机制障碍及国家相关产业政策的配套不足。我国未来将大力发展养殖和加工业，扩大中高端肉类的供给；同时，还应加快推进肉类制品品牌建设，提升肉制品卫生和质量安全。

2. 乳制品工业

随着社会经济的快速发展和人们生活水平的不断提高，乳制品在人们饮食结构中的占比逐步增长。随着城镇化建设加快和全面三孩政策的实施，国内乳制品市场将进一步持续快速发展。

3. 水产品加工业

由于中国拥有广阔的资源和市场，水产品加工产业链比较完整，产品也具有多样化类型。目前，中国水产品加工业还存在许多问题：加工率与资源利用率低；食品质量安全监督有待加强；生产成本高，出口竞争力弱，进口市场的快速增长加大了对国内水产品产业的冲击。当前，国务院已出台了一系列推动农（渔）产品加工业发展的相关政策，进一步推动供给侧结构性改革和供需结构升级，在生产方面，随着农业农村部确立"调优养殖布局、调减捕捞产能"的政策，水产品总产量或在现有基础上削减，水产品价格或将保持稳定或小幅上升。在国际市场方面，预计水产品出口延续小幅增长态势。

### 4. 粮油加工业

近年来，中国粮油加工业发展迅速，产品和质量都有了大幅提升。目前，中国粮油加工业正处于转变经济增长方式、调整产业结构重要时期，粮油加工业总体保持平稳较快发展趋势，但是仍不能满足国内日益增长的消费需求。虽然中国对粮油需求总量的增速降低，但仍将继续保持刚性增长的趋势，粮油加工业将进一步发展。为满足中国粮油市场的需求，要在进一步坚持立足国内的同时，根据"适度进口"的原则、充分利用国内外两种资源、两个市场，以确保国家粮油安全；加快提升中国粮油加工设备的研发和制造水平，实现粮油加工业清洁化、节能化生产；实现麦麸、稻壳、米糠等农产品副产物资源的综合利用，进一步延伸农业加工产业链。

### 5. 方便食品制造业

方便食品是以米、面、肉类、蔬菜等食品原料加工成半成品或成品，可直接食用或通过简单烹制即可食用的食品。近年来，中国方便食品企业在产品创新方面取得了显著成效，得到了社会的高度认可，促进了行业的发展。消费环境和消费方式的改变，导致人们对方便食品的品质要求也相应提高，结合国外行业发展趋势，传统特色小吃、素食、清真食品、高端个性化定制化产品、微冻微波熟制食品等将成为未来开发的潮流。

### 6. 食品添加剂和配料工业

食品添加剂行业是中国食品工业的重要组成部分，食品添加剂产品在提升食品品质、改善食品口感、延长保质期、确保食品安全、助推食品工业的技术创新等方面发挥着重要作用。伴随着中国食品工业的快速发展，食品添加剂行业也在不断成长和壮大，产品品种更加丰富，产品质量不断提高，企业集中度也越来越高，在食品加工和生产中的重要性日益突出。

随着现代食品工业的发展，中国食品添加剂和配料行业也将更加规范化、标准化、系统化和国际化，防腐剂、着色剂、增稠剂、甜味剂、乳化剂、食用香精香料等行业将成为中国食品添加剂行业发展的重点。未来几年内，婴幼儿配方食品、功能保健食品、特殊膳食食品将成为食品添加剂的快速增长应用领域。

### 7. 营养与保健品制造业

保健品食品行业是中国食品行业的重要支柱产业之一，已列入国家食品安全规划，是保障中国养老产业和健康服务业的重要组成部分。在中国申报的保健食品中，补充营养、增强免疫力、缓解疲劳、降血糖和血脂等功能食品申报频次较高保健食品行业发展迅速，母婴类、中药类保健产品市场前景广阔；同时，保健产品的市场监管将实行"双轨制"，监管力度会更加严格。

### 8. 食品装备业

目前，在主要食品产业的生产领域，基本上实现了食品装备的国产化。随着中国食品产业的高速发展，国产食品装备在生产效率、安全性、自动化、智能化等方面还亟须提升。未来食品装备工业将继续稳定发展，并逐步进入结构调整和转型阶段；跨界、融合、创新成为行业发展的潮流；绿色制造和智能制造将改变传统制造模式；食品安全生产实现全程数据化、可追溯化；食品装备生产领域进一步细分市场；食品工业互联网将快速发展。

当前，中国食品行业面临新的需求和挑战，应该进一步加强全面统筹规划，实施前瞻性部署：大力培养一批站在食品行业科技前沿、具有国际视野和能力的领军人才，为提升食品科技创新提供人才保障；优化食品科技创新平台布局，构筑食品科技创新先发优势；支持发展高新技术产业，提升食品产业核心竞争力；加强国际交流合作，推动各方共赢发展；完善科技成果转化政策体系，激励科技人员积极参与，推进科研成果的产业化应用；强化生产全过程控制、全链条追溯，提高食品安全保障。

在科技创新上，应进一步提高产业支撑能力和自主创新能力，完成从跟跑、并跑、领跑"三跑并存"向多领域并跑、领跑新格局的超越。一是加大食品科学基础性研究投入支持，增强食品科学前沿技术综合实力，实现食品科技新装备、新技术的关键突破；二是建立完善食品科技新方法、食品安全新标准，努力使工业化生产、绿色制造、食品安全、智能装备、精准营养、食品生物工程等食品相关领域的科技水平进入世界领先行列。

在产业结构上，食品加工关键技术与装备制造水平显著提高，重点装备自给率大幅提升；新旧动能转化加快，绿色智能制造水平大幅提高，促进食品产业从粗犷增长到集约型发展、从注重数量到提质增效、从高能耗高污染到绿色节能环保、从依赖国外引进到依靠国内创新等方向进行产业升级。

在食品营养与安全上，食品工业进入营养健康转型升级期，向美味、多样、方便、安全、健康、营养的方向发展。应进一步提升食品安全综合保障能力，健全基于风险分析和供应链全程控制的食品安全科技支撑框架；强化食品安全风险评估基础研究和数据库建设；加强食品安全危害识别与检测技术研发；强化基于大数据的信息化、智能化风险溯源与预警体系建设；实施知识产权战略，强化国际交流与成果转化应用。

在产业形态上，物联网、大数据、工业云、人工智能等前沿技术广泛应用于食品产业的设计研发、生产制造、消费流通等领域，食品产业与农业、生态、医药、健康、文化、教育等行业将进一步融合，形成以农业观光、生态旅游、医药制造、民俗文化等第一二三产业有机融合、良性发展的新经济模式和新发展格局。

## （二）食品产业前沿技术

目前，全球食品产业正处于新时代的升级转型浪潮中，产品更加多元化、营养化，加工制造业趋向绿色化、智能化，食品加工机械装备更新换代更加迅速，非热加工、物性修饰、3D打印、分子生物学、基因工程、酶工程、代谢工程、发酵工程等现代食品前沿技术更多应用到食品产业当中，科技创新成为驱动食品产业可持续发展的不竭动力源泉。

### 1. 食品原料开发与增值

目前，中国食品行业存在原料利用率低、普适性原料少、特色原料开发不足等现象，因此，利用食品产业技术改进传统食品加工工艺并提高原料利用率成为研究的重点内容。在原料育种方面，将传统育种技术与现代杂交育种、分子育种技术相结合，改良作物新品种，提高原料加工性能；利用各地特有的区域资源，开发具有民族特色的传统膳食；高效转化并利用农作物副产品，实现农产品的精深加工；开发食品原料的DNA条形码技术，建立基于基因检测手段的食品溯源安全检测体系。

### 2. 现代食品生物技术

现代生物技术在食品工业领域的应用，引发了全球食品工业的产业革命，给食品产业带来巨大的发展潜力。以食品酶工程、发酵工程、基因工程和蛋白质工程为核心的食品生物技术，加快了传统食品加工向现代生物加工转型，促使食品产业升级改造、提高生产效率和资源利用率、转变食品产业经济增长方式；基于微生物代谢网络、基因组学分析及共享数据库等方法，定向挖掘了具有特定功能的微生物和蛋白酶；运用分子生物学、结构信息学、基因工程、蛋白质工程等手段，实现了食品酶的分子改造和定向进化；结合细胞和酶的固定化、生物反应器等酶工程手段，生产加工功能性脂肪酸、碳水化合物、氨基酸和短肽等功能营养配料；实现功能性益生菌的高效定向筛选技术，以益生菌等功能性微生物的功能优化和生物加工效率优化为目标，构建功能基因发掘和分子改造，提升功能性微生物的抗胁迫能力和功能特征。此外，在微生物基因组与功能基因组的基础上，解析微生物细胞的物质与能量代谢过程，研究正向与反向代谢网络分析技术、代谢产物途径优化改造技术，研究细胞信号传导和基因调控网络、生物系统组成之间的相互关系，应用于功能活性物质的生物合成和生产调控。

### 3. 食品营养设计与开发

针对目前中国食品营养研究基础薄弱、个性化健康食品较少等现象，加强个性设计与食品科技创新的结合，开发适用于中国居民饮食特点的健康新品。通过食品营养的靶向设计，搭建针对不同人群的健康模型，提供营养设计的理论基础；依据不同人群的膳食需求，设计开发个性化方便食品，满足老人、患者、孕妇、婴幼儿等不同群体对食品营养的多样化需求；进一步升级食品设计理念，完善特殊食品的营养搭配和食品外包装设计，满足人们对个性化食品色、香、味、营养的多种需求。

### 4. 食品加工技术创新与应用

目前，中国食品加工产业还处于比较粗放的水平，高新技术储备不足，食品安全、环保等问题还有待改善。当前，食品加工新技术的快速发展，为中国食品加工行业的转型升级提供了极大的助力和未来保障，各种食品加工新技术的应用及对食品营养体系的影响将成为研究的重点和热点。一是以脉冲磁场、电离辐射、高压二氧化碳、物理超高压技术为代表的非热加工技术，较好地保持了食品的固有色泽、质构、营养成分。二是以超声波辅助为主的功能性成分提取增效技术和以超临界萃取为代表的绿色功能成分提取技术的应用开发。三是以脂质纳米颗粒等为代表的微囊技术，进一步拓展功能成分载体选择范围，提高功能成分消化吸收效率。四是以 3D 打印为代表的个性化定制食品加工技术应用开发。

### 5. 物流服务系统创新与拓展

建立完善包括预冷、包装、运输、仓储、销售等环节的食品物流规范化和标准化体系；构建高效便捷的食品物流协同管理和配送体系；研究各营养组分在物流运输过程中的变化规律，阐明有害物形成与控制的调控机制；开发物流基建的节能材料，研制新一代绿色节能的制冷技术与装备；基于物流微环境参数监测、信息采集传输，开发食品物流管理智能化装备与技术。

### 6. 食品装备研发与制造

重点开展高效杀菌、高效分离、功能包装、节能干燥等通用装备的关键技术突破；开展肉类、果蔬、粮油等食品加工机械设备的创新和研制；研究传热传质理论、食品物料加工特性、食品机械的数字化和绿色化制造、食品生产的模块化和智能化控制、工艺流程安全卫生监测等基础理论；集成加工技术、控制技术、监测技术、物联网技术等，构建现代化智能生产线，实现食品生产装备和工艺的全面升级。

### 7. 食品质量安全与控制

研究确定病原菌的关键毒力因子，分析毒力因子的合成途径及致病机制；分析食品中生物及化学污染物产生的原因，建立减缓或控制各类危害物等产生的有效方法；利用现代分子生物学、免疫学及化学分析方法、高效富集方法、基因芯片技术等、快速检测特定基因或特定生物分子并提高检测灵敏度；结合多种现代分析技术，分析农药与兽药、环境污染物、违禁化学品的化学性质，建立食品中农药、兽药残留高灵敏检测技术和多残留分析检测技术。

## 三、绿色农业发展与技术

乡村振兴战略明确了绿色兴农的要求，为实现农业绿色可持续发展，要把绿色发展理念、技术创新和标准化贯穿在农业生产发展的方方面面。农业科技创新要突出绿色导向，加强技术研发集成，深入推进落实，把农业科技创新的方向和重点转到低耗、生态、节本、安全、优质、循环等绿色技术上来，为农业绿色发展提供支撑。

绿色农业是指将农业生产和环境保护协调起来，在促进农业发展、农户增收的同时保护环境、保证农产品质量的绿色无污染的农业发展类型，主要涉及农业面源污染治理、化学肥料和农药减施增效、循环农业、农业节水、农林防灾减灾及农村人居环境等方向。绿色农业以保障农产品安全、生态环境安全、资源合理利用为目标，全面提高农业的综合效益。为了减少农业无效供给、扩大农业有效供给，按照"重点突破、综合治理、循环利用、绿色发展"的要求，紧紧围绕"一控两减三基本"目标，进一步强化试点示范、监测考核、政策创设，走内涵式绿色农业发展道路。

## (一) 绿色农业发展趋势

绿色农业是指一切有利于环境保护、有利于农产品数量与质量安全、有利于可持续发展的农业发展形态与模式。产业发展目标是实现农业可持续发展和推进农业现代化，确保整个国民经济的良性发展，满足21世纪城乡居民的生活需要。尽管中国的绿色农业发展势头良好，但是由于刚刚起步，尚待解决的问题很多。因此，在今后的发展中还需深刻认识发展绿色农业的必要性，客观分析绿色农业发展中面临的问题，对进一步推进中国绿色农业发展具有重要的现实意义。

### 1. 农业面源污染治理

随着中国经济的快速发展，农业生产方式也由自给自足的传统农业向集约化、专业化、规模化的现代农业转变，以高投入、高产出、高排放为特征的现代农业带来了巨大的农业面源污染问题。农业面源污染已带来严重的土壤板结、水体富营养化等一系列问题。加强农业面源污染治理，是转变农业发展方式、推进现代农业建设、实现农业可持续发展的重要任务。农业发展不仅要杜绝生态环境欠新账，而且要逐步还旧账，要打好农业面源污染治理攻坚战。

### 2. 化学肥料和农药减施增效

中国化学肥料和农药过量施用现象严重，由此引起环境污染和农产品质量安全等重大问题。化肥和农药过量施用的主要原因：一是对不同区域不同种植体系肥料农药损失规律和高效利用机制缺乏深入的认识，制约了肥料农药限量标准的制定；二是化肥和农药的替代产品研发相对落后，施肥施药装备自主研发能力薄弱，肥料损失大，农药跑冒滴漏严重；三是针对不同种植体系肥料和农药减施增效的技术研发滞后，亟须加强技术集成，创新应用模式。目前，中国在减少化肥用量、转变施肥方式等方面取得了初步成效：一是化肥用量减少；二是科学施肥水平有提升；三是有机肥资源利用有所提升。

### 3. 循环农业

循环农业是将种植业、畜牧业、渔业等行业与加工业等产业有机联系的综合经营方式，利用物种多样化微生物科技的核心技术在农林牧副渔多模块间形成整体生态链的良性循环，发展种养结合循环农业，围绕标准化规模养殖、秸秆循环利用、畜禽粪便制沼气三个方面的建设，按照"减量化、再利用、资源化"的循环经济理念，推动农业生产由"资源—产品—废弃物"的线性经济，向"资源—产品—再生资源—产品"的循环经济转变，可有效提升农业资源利用效率，促进农业循环经济发展。现代生态循环农业在近几年建设中得到新提升，这对农民增收及改变农村环境起到了重大作用。

### 4. 节水农业

中国未来水资源紧张状况仍然严峻，提倡节约用水，加大节水农业产业投入，建立高效利用水资源、降低农业总耗水量发展新模式。

### 5. 农村人居环境

近年来，农村人居环境建设取得显著成效，但农村人居环境状况很不平衡，因此应以生活污水治理和村容村貌提升为主攻方向，统筹城乡发展，统筹生产生活生态，积极动员各方力量，有效整合各种资源，加快补齐农村人居环境短板。改善农村人居环境，建设美丽宜居乡村，是实施乡村振兴战略的一项重要任务。

## (二) 绿色农业前沿技术

围绕绿色、生态、高效、优质、安全的科技需求，重点突破农业面源污染治理、化学肥料和农药减施增效、循环农业、节水农业、农业防灾减灾及农村人居环境等瓶颈问题，加快形成资源利用高效、生态系统稳定、产地环境良好、产品质量安全的农业发展新格局。

### 1. 农业面源污染治理

农业面源污染以各种途径排放的氮、磷为主，具有极强隐蔽性和间歇性。当前防控农业面源污染的工作重点是开发农业面源污染监测技术、水土流失型氮磷面源污染阻截技术及针对粮食主产区的氮磷流失阻控技术。

(1) 农业面源污染监测技术

针对农业面源污染广泛性、随机性和滞后性，对面源污染的发生和发展状况建立系统的监测技术，以明确一定区域农业污染的空间分布情况及其变化过程。目前主要采用以遥感技术（RS）、地理信息系统（GIS）、全球定位系统（GPS）相耦合的 3S 技术。未来发展的主攻方向：一是研制基于光学传感的盐分检测技术及氮、磷生物有效态原位提取设备，实现污染物高效提取和高通量检测；二是应用智能化数据分析系统，建立农业面源污染监测地理信息系统；三是要以多空间尺度和长时序监测为基础，开发基于"互联网＋"的区域污染信息空间和属性数据库的大数据平台。

(2) 水土流失型氮磷面源污染阻截技术

水土流失是面源污染发生的重要形式和运输的主要载体。在污染物向水体迁移过程中实施阻截，能够延长污染物在陆域的停留时间，最大限度降低进入水体污染量。实现水土流失面源污染阻截，一是采用生物措施（植被覆盖、改善土壤地质等）和工程措施（拦蓄径流、泥沙等）阻截；二是重点开展治沟造地工程地质与农田土壤湿陷稳定研究；三是构建源头削减—生物隔离—湿地消纳过程拦截和蓄存调节相结合的高效生态拦截技术系统。

(3) 粮食主产区氮磷流失阻控技术

在小麦、玉米等粮食主产区，由于过量施肥导致氮磷淋失，目前主要通过合理灌溉、科学轮作等方式对粮食产区氮磷淋失进行阻控，其中碳氮磷协同调控是当前氮磷淋失阻控的主要研究方向，针对现有的污染问题开展工作，一是利用有机肥、生物质炭等提升作物氮磷吸收；二是要以农田废弃物、畜禽养殖废弃物资源化利用为基础，研发碳氮磷协同调控产品；三是研发新型增效复混肥料、稳定性肥料和微生物肥料等相关产品及其阻控氮磷流失农艺，建立有机—无机—生物—农艺协同阻控氮磷流失综合技术。

　　未来面源污染防治工作，一是要以中国农业面源污染高发区为重点，以农田面源污染物溯源、迁移和转化机制等理论创新为驱动力，突破氮磷、病虫害生物、农业有机废弃物等农田污染物全方位防治与修复关键技术瓶颈；二是提升装备和产品的标准化、产业化水平，建设技术集成示范基地。

## 2. 化学肥料和农药减施增效

　　施肥施药是为了提高作物产量，以保证人类发展对粮食的需求，但与之相伴的农产品安全、生态环境安全等问题日益严重。基于此，重点开发高效低风险小分子农药和制剂、新型肥料与化肥替代减量等前沿技术，将有利于保证作物产量和品质，同时减少资源浪费，维护生态环境。

　　（1）高效低风险小分子农药和制剂技术

　　农药是保障农业生产不可或缺的生产资料，因其特有的生态毒性、使用不当会带来诸多负面影响。当前，中国农药成分隐性风险高、药液流失严重、农药残留超标。基于此，一是采用天然源仿生技术、药剂管道输液滴干技术、不对称合成技术和绿色清洁制造技术，发展更高效、更环保、更安全的小分子绿色化学农药新品种；二是开发小分子农药的环保新剂型，研发产业化新技术。

　　（2）新型肥料与化肥替代减量技术

　　目前，中国肥料行业面临发展速度放缓、产品同质化严重、土壤结构严重恶化等问题，为完成化肥减量任务，需要开发新型肥料，调整化肥使用结构，推动产品结构和质量升级。基于此，一是重点研究区域作物养分及形态配伍、增效剂和助剂对复混肥的增效机制、肥料与植物养分供需耦合机制、有机—无机—生物协同增效机制，二是研制系列新型增效复混肥料、缓/控释肥料、稳定性肥料、水溶性肥料和微生物肥料等产品，三是建立有机物料化肥替代技术、绿肥作物化肥替代技术、环境养分资源的化肥替代技术及其高效生物固氮技术新模式。

未来化学肥料和农药减施增效需抓好以下工作：一是建立高效利用机制与限量标准，二是开展新型技术集成与示范应用研究，三是构建化肥农药减施与高效利用的理论和技术体系。

### 3. 循环农业

围绕资源保护与节约利用、投入减量与生产清洁、污染治理与废物利用等生产需求，重点开发区域秸秆全量处理和畜禽粪便资源化利用等关键前沿技术，建立现代化循环农业产业链，实现农业资源多级利用。

#### （1）区域秸秆全量处理技术

区域秸秆全量处理是指在特定区域（县）将秸秆的"五料化"综合利用技术进行优化组装集成，构建适合秸秆全量处理利用的农业循环模式与技术服务体系。围绕加快发展农业循环经济需求，一是利用大数据和互联网技术降低秸秆在收储运环节中的劳动强度和运输成本；二是开展对秸秆物料特性的基础理论研究，克服秸秆本身特性带来的腐蚀和堵塞等难题；三是加强关键技术和设备研发，提升秸秆"五料化"产品质量，开展市场化利用方式，节本增效，构建大规模高效率秸秆全量处理技术体系，促进秸秆资源综合利用。

#### （2）畜禽粪便资源化利用技术

采用发酵等方法在微生物分解有机质过程中添加先进的吸附剂和生物发酵剂，提高磷的有效性和作物利用率，以实现畜禽粪便无害化和资源化处理。围绕畜禽养殖污染的防治需求，一是开展不同畜禽粪便产沼气性能研究，以提高厌氧发酵产气率与产气质量；二是完善畜禽粪便堆肥化处理技术，实现养分高效再循环利用；三是采用国际先进管式送风隧道发酵技术，开发新型畜禽粪便隧道式工厂化处理技术，提升农业废弃物的综合利用率；四是筛选和培育优质菌制剂，缩短物料腐熟过程，提高发酵质量；五是优化畜禽粪便资源化利用体系，实现畜禽粪便的高效利用。

未来循环农业发展，一是加强发展深度，实现资源循环利用；二是强调循环链条上的循环内容，高效运转循环农业；三是探索种养结合循环农业的新模式。

## 4. 节水农业

围绕中国水资源短缺，农业用水总量大且效率低下的现状，重点开发农业控水与雨养旱作、作物生命需水过程控制与生理调控等关键技术，建立旱作农田、灌溉农业作物高效用水的现代化农业生产体系。

（1）农业控水与雨养旱作技术

农业控水与雨养旱作技术是通过种植制度调整、抗旱作物布局、抗旱品种及旱作技术配套，建立完善的农业化控节水原理及其协同调控技术模式。针对中国农业用水问题，一是开展农业用水生产效率研究与监测、集雨补灌及不同地域农田集雨保水和高效利用技术研究；二是采用精准灌溉，并根据作物自身和环境特性研究实施相应的灌溉施肥制度；三是要基于相关理论开展多水源高效安全调控和机械化提排水技术研究；四是重点突破行业核心节水、非常规水资源经济开发、水循环信息精准监测与预报等技术瓶颈。

（2）作物生命需水过程控制与生理调控技术

合理的灌溉技术能够调控作物根系生长发育，维持根冠间协调平衡的比例，从而实现提高经济产量和水分利用率的目的。针对作物水分高效利用的生长发育机制，一是探究作物调控机制，从而调控作物生理节水与耗水过程；二是要通过监测作物水分利用效率实现对作物生命需水过程控制与生理调控；三是深入探索植物抗性基因的确定、分离、转移和抗逆新类型创造过程；四是开展光合机构高效运转水肥调控理论与技术研究研发，大幅提升作物水分利用效率。

未来节水农业要抓好五个方面的工作：一是推进品种节水，加快选育推广抗旱品种，提高水分生产率和抗旱保产能力；二是推进结构节水、立足水资源调减，调整优化品种结构，重点是调减耗水量大的作物，扩种耗水量小的作物，大力发展雨养农业；三是推进农艺节水，集成推广深耕深松、保护性耕作、秸秆还田等技术，提高土壤蓄水保墒能力；四是推进工程节水，完善农田灌排基础设施，大力发展管道输水，减少渗漏蒸发损失，提高输水效率；五是推进制度节水，推进农业水价改革，确定不同区域、不同作物灌溉定额和用水价格。

### 5．农业防灾减灾

围绕农业防灾减灾的发展需求，重点开发农业防灾减灾稳产增产技术、自然灾害生态监测预警技术，建立健全农业资源环境生态监测预警机制。

（1）农业防灾减灾稳产增产技术

农业防灾减灾稳产增产技术是根据不同地区、不同作物的特点，对农业生产过程采取针对性措施以提高农业防灾减灾能力。针对目前各地防灾减灾情况，一是要推广小麦"一喷三防"、水稻集中育秧、玉米地膜覆盖和绿色防控等关键技术；二是开展不同灾种防控基础理论和技术方法研究，研发灾害监测预警与防控技术；三是发展动态评估指标、模型构建，建立基于灾种—承灾体的实时动态指标体系；四是开展气象灾害与生物灾害综合风险评估及农田生态治理模式研究，推广防灾增产技术模式，建立健全防灾减灾体系。

（2）自然灾害生态监测预警技术

利用现有的智能在线监测系统与综合监测和数值模式预报手段，建立农业气象灾害监测系统。提升中国自然灾害生态监测预警能力，一是研究针对极端气象、重大水旱、重大病虫等灾害的综合监测评估和预警分析技术模式，完善评价监测技术标准；二是要突破成灾理论、应用示范、技术及风险信息服务产业化等方面的核心科学问题；三是要形成并完善从全球到区域、单灾种和多灾种相结合的多尺度分层次重大自然灾害监测预警与防范科技支撑系统；四是要推动关键技术、仪器装备标准化和产业化发展，探索科学合理的方法及技术产品，完善自然灾害生态监测预警机制。

未来农业防灾减灾要重点开展以下研究：一是开展极端天气对中国农林业生产影响的研究；二是评估与挖掘农林生态系统生物固碳、储碳潜力；三是开展农业耕作管理、施肥及灌溉等对温室气体排放控制研究；四是开展森林火灾、生物入侵成灾规律与防控机制、预测与防控技术研究。

## 6．农村人居环境

围绕农村人居环境的特性开展整治行动，重点开发农村生产生活污染物无害化处理、农村绿色节能农房建造等关键技术，积极落实垃圾分类处理，增强村民环境保护意识。

（1）农村生产生活污染物无害化处理

通过物理、化学、生物等方法处理生产生活污染物，使其变废为宝是实现污染物无害化、资源再利用的重要途径。目前，中国农村垃圾分类回收网络覆盖率不高、资源回收利用能力不强。为进一步提高农村生产生活污染物无害化处理水平，一是针对不同农业废弃物的特点，研究其新型能源化、资源化高效利用方式；二是建立农业废弃物回收利用体系，探索农业废弃物资源化利用技术路线；三是推动农业废弃物与餐厨废弃物、粪便等有机质协同处理；四是推广新型农村水循环管网系统应用，充分实现农村生产生活污染物资源化利用。

（2）农村绿色节能农房建造

农村绿色节能农房建造技术是在建筑施工中使用绿色环保的建筑材料，采用抗震、防火、宜居、节能减排等施工技术，进行科学合理的施工管理。针对农房特点，一是开展绿色农房适用结构体系和建造技术、绿色农房气候适应性和周边环境营建技术研究，加快研发绿色新型建筑材料，提高农房建筑质量；二是结合绿道建设项目、河道生态、土地生态等项目工程，研发自然景观与农田景观的保护与修复技术，延长农房使用寿命。

未来农村人居环境建设目标：一是对东部地区、中西部城市近郊区等基础条件较好地区，基本实现农村生活垃圾处置体系全覆盖，完成农村户用厕所无害化改造，提高农村生活污水治理率，全面提升人居环境质量；二是对中西部具备条件的地区，力争实现90％左右的村庄生活垃圾得到治理，卫生厕所普及率达到85％左右，生活污水乱排乱放得到管控，使人居环境质量较大提升；三是对地处偏远、经济欠发达地区，在优先保障农民基本生活条件基础上，实现人居环境干净整洁的基本要求。

## 四、智能农机装备产业发展与技术

农业的根本出路在于机械化，智能农机装备代表着农业最先进生产力，是改善生产条件、实现精耕细作、提高生产效率、转变发展方式、增强综合生产能力的关键，是不断提高劳动生产率、土地产出率、资源利用率的重要工具，是现代农业发展的战略物质基础，也是国际农机装备产业技术竞争焦点。加快发展智能农机装备技术，对提升农机装备供给能力，缩小与国外主流产品差距，支撑现代农业发展，保障粮食和产业安全具有重大意义。

智能农机装备融合生物和农艺技术，集成先进设计、制造与智能控制、新一代信息通信、新材料等高新技术的信息化、智能化的先进装备，是涵盖粮、棉、油、糖等大宗粮食和战略性经济作物育、耕、种、管、收、运、储等主要生产过程使用的装备。农机装备技术经历了从替代人畜力的机械化阶段，正以电控技术为基础实现自动化应用，并朝着以信息技术为核心的智能化与先进制造方向发展。其显著特点是以机械装备为载体，融合电子、信息、生物、材料、现代制造等高新技术，不断增强装备适应性能、拓展精准作业功能、保障季节性作业可靠性、提升复杂结构制造高效性、改善机械化作业与土壤、动植物、人、生态环境协调性，实现安全可靠、自动高效、精准智能，以支撑现代农业发展。

### （一）智能农机装备产业发展趋势

农机装备是现代农业发展的重要物质基础，是《中国制造 2025》的十大重点领域之一。要加快建设制造强国，加快发展先进制造业，要实施乡村振兴战略，构建现代农业产业体系、生产体系、经营体系。要推动新型工业化、信息化、城镇化、农业现代化同步发展，加快推进农业农村现代化。2018 年中央一号文件提出，推进中国农机装备产业转型升级，加强科研机构、设备制造企业联合攻关，进一步提高大宗农作物机械国产化水平，加快研发经济作物、养殖业、丘陵山区农林机械，发展高端农机装备制造。近年来，中国高度重视农业生产和农机装备的发展，中国农机装备产业供给侧结构性改革取得成效。

经过近年的发展，农机装备产业已形成较为完整的工业体系。一是产业规模快速增长；二是制造体系基本健全，形成了 14 大类、50 小类、4 000 多个品种农机产品系列。拖拉机、联合收获机、植保机械、农用水泵等产品产量全球领先，植保无人机等新型农机装备蓬勃发展；三是技术水平大幅提升。一批关键技术和产品取得突破，已具备 200 马力（1 马力＝735 瓦）以上拖拉机量产能力，大型采棉机、甘蔗收获机实现国产化，应用农机智能化和信息化水平快速发展，智能农机已开始试点示范。

因此，未来智能农机装备产业发展应该以提高供给体系质量为主攻方向，以推动农机装备转型升级、提高现代农业建设装备支撑能力为目标，落实《农机装备发展行动方案 2016－2025》，促进中国由农机制造大国向制造强国转变，显著提高农机装备有效供给能力，推动经济发展质量变革、效率变革、动力变革。实施乡村振兴战略，要求农机装备产业拓展领域、增加品种、完善功能、提升水平，并加快向自动化、信息化、智能化发展。

一是向大型化、多功能、高效率和复式联合作业发展。发达国家如美国在 20 世纪 40、50 年代实现了种植业的机械化，20 世纪 60 年代后畜牧业和养殖业也完成了农业装备现代化的过渡，到了 20 世纪末，农业已经基本实现了专业化和机械化，农业装备朝着大型联合作业的趋势发展，机械装备大多具有低能耗和多功能，大型联合作业可实现免耕深松、灭茬、施肥、精密播种和超低量施药的联合作业功能。

二是向控制智能化和操作自动化发展，实现高效节本农业。必须完成智能化、自动化的农业操作方式，首先实现农业装备的新型化及智能化，通过将高新技术实际运用到农业作业中，以实现农业的新型、健康发展。随着电子技术飞跃性的发展，智能监控技术完全可以被应用到农业装备的发展中，从而可以对其进行智能化的控制。当前，诸多精准农业装备的研究成果，如机器视觉、田间自动导航系统等，已得到了广泛应用，为农业装备作业效率的提升提供了坚实的基础，并在一定程度上加速了高效节本农业的落实。

三是向环保和节约资源发展。应用现代化农业装备技术，其主要目的是提高资源的利用效率，提升农业劳动生产效率。将先进技术与高新技术相结合，有效提高技术的高效性与实用性，农业资源的全价值利用与高效利用可以有效节约农业资源及减少环境的污染。通过先进技术的广泛应用，如遥感技术、传感技术、电子技术、机器人等，进一步推进农业装备作业过程中的资源节约与劳动节约，减少资源浪费，提高利用率，减少劳动输出并增加收益。

四是进一步向顶级设计、高级智造方向发展。设计理念更为先进，无论是信息化、智能化技术的应用，还是外观设计，都展现了现代农业和未来农业发展前景。无论主机设计还是零部件设计，包括制造水平、工艺及色彩，达到了赏心悦目的效果。

未来一段时期，是中国农机装备产业处于由制造大国向制造强国、科技强国、质量强国转变的关键时期，加强智能理念、智能装备、新材料等与农机装备的深度融合，不断推进关键零部件及农业机器人、植保无人机等智能化、高端化农机装备的产品创新，将成为关键所在。未来，随着智能农机装备技术持续升级，产业不断加快发展，中国农业现代化建设将有望迎来重大突破，创造农业发展史上的又一个里程碑。

## (二) 智能农机装备产业前沿技术

随着全球新一轮科技革命和产业变革加速，学科交叉融合，信息技术、传感技术、生物技术、机器人技术、新材料技术、新能源技术广泛渗透，新一代人工智能、大数据、物联网基础理论和技术突破及深入应用，智能农机装备向大型化、高效率、多功能、复式联合作业，向信息化、智能化、精准化、高效化、节能化和服务化方向快速发展，向养殖、加工等领域深入延伸拓展。

### 1. 动植物生理、生长、环境信息感知技术

围绕"大规模、全自动、全生育期"的农业动植物信息智能感知、精准解析和高效利用的需求，利用人机协作的群体计算等技术来实现农业动植物多源异构信息的智能感知，构建典型动植物表型组数据库；开展动植物多尺度表型数据结构化、形式化和可视化方法，数据驱动和机器学习的表型信息高分辨、高通量解析方法的研究，构建典型农业动植物表型知识图谱；结合基因组、转录组、蛋白质组等组学信息，研究基于深度学习的农业动植物信息智能识别技术；环境信息感知包括快速采集土壤信息（土壤在农机具作用下的力学表征、土壤氮磷钾等含量、土壤信息的空间分布差异的表征、大面积地形地貌的测定和表征等）的原理和传感器原理、水信息（土壤水分、水营养含量）测定技术和传感器、作物和禽畜及水产品生物信息量（包括各种生命特征的感知和获取原理）及传感器、图像采集传感器和分析技术等。

### 2. 光感控制节能、感知记忆等智能新材料技术

围绕光感控制节能、仿生减阻、功能包敷、感知记忆等智能材料发展需求，以农业覆膜、高能蓄热、保温聚水、强化延寿等为重点，研究自检测、自判断、自指令、自结论等功能感知材料，自主高能蓄热材料，作业仿生、高强度自磨刃、阻力与弹变自适应、高尘重载摩擦表面强化等耐磨延寿材料，抗老化、抗雾滴、抗浮尘、光感自适应、生物可降解温室覆膜、地膜覆盖材料，肥料缓释包膜、种子包衣、蓄水保墒等包敷材料，可食用涂敷保鲜、选择性自适应等包装材料，满足农业智能装备与设施、功能农资、绿色包装、智慧传感等现代农业发展需要。

### 3. 农业生产过程中人、机、环境与信息的跨媒体数据获取、融合、挖掘、智能决策技术

研究农业大数据挖掘、智能感知与农业模型智能化构建技术，跨媒体高层语义信息的相关性分析及分类技术，利用统计相关性实现农业模

型参数的智能化提取与调优；探索农业生产过程中人、机、动植物、生产环境与信息的跨界融合、数据挖掘、柔性动态诊断、群智能决策等技术，实现物联网数据实时驱动和知识引导的农业生产智能诊断决策，以及农产品生产全过程信息的智能化识别、标识与溯源；构建网络化农业智能模型应用平台，提高农业智能模型运行的适应性与泛化能力，实现农业资源的综合、归纳和过滤及个性化搜索。

### 4. 人机协同、机群协同、人机物协同作业技术

立足于解决农业领域数据及相关信息的复杂关联、开放性和交互性的问题，开展人机物协同感知与关联性研究，以实现机器、物和人在物理、信息、知识领域的协同与交互；基于物联网、内容/知识网、人机网系统平台，将机器智能、普适智能和人的知识、智慧结合在一起，通过人机物共同决策和行为响应，形成一个感知、识别、响应的智能控制闭合回路；针对农业应用场景，开展行为意图理解与预测理论，复杂动态环境知识的主动获取、学习与推理方法，机器的自主学习与机器知识增值方法，态势感知、意图理解与自然交互方法的研究；突破农业人机物协同系统中学习与认知推理、智能计算前移、新型计算架构等挑战性问题。

### 5. 农机装备先进机构与仿生结构设计

研究农机装备机构拓扑结构设计和尺寸参数设计，研究机构的性能评价、机构选型、目标建模、模型求解和结果优化，研究农机装备的多刚体、多柔体、动平衡等问题，揭示机构构型尺度及结构参数与运动、驱动、承载、刚度等之间的映射规律，系统研究农业机械复杂机构的拓扑与参数一体化设计理论与方法、农机装备的动态设计等理论问题，引入多学科知识，研究仿生非光滑、仿生柔性、仿生表面减阻、仿生松土减阻等仿生技术；研究仿生磨损农业装置，开发仿生磨损材料；研究仿生耐热、耐腐蚀的农业机械装置和仿生耐热、耐腐蚀材料。

### 6. 农机装备智能设计与试验验证技术

立足"智能、高效、环保"，满足定制化、多样性需求，以设计智

能化、制造精益化、试验验证标准化一体化为重点，研究农机装备智能化设计技术，突破基于数据驱动和知识引导的智能数字化建模、虚拟样机动态仿真、虚拟实验验证、可靠性检测方法等共性技术，通过虚拟与增强现实和可视化等手段对显性和隐性知识进行高效表现和直觉探索；开发全参数化驱动模型库、设计知识中心与认知和群智决策、虚拟仿真与实验系统；研究农机装备田间检测与远程运维技术，突破田间载荷、工况环境、失效特征、作业质量、故障预警、远程诊断与再修复等系统技术。

### 7. 农机装备先进制造与生产组织管理技术

满足用户个性化需求的不断变化及市场竞争对农机装备制造系统灵活性、敏捷性和智能性的需求；研究高档数控机床与工业机器人的集成技术；研制新型传感器、智能测量仪表、工业控制系统、伺服电机及驱动器和减速器等智能核心装置；开展专家系统、制造执行系统（MES）、企业资源计划管理系统（ERP）、数据资源管理系统（PDM/PLM）、人机智能交互等技术和装备在生产过程中的应用研究；搭建农机装备智能制造环境；建设农机装备智能工厂/数字化车间；实现制造工艺的仿真优化、数字化控制、状态信息实时检测、故障诊断和自适应控制；研究农机装备智能车间订单产品制造工艺规划方法，生产作业调度方法，生产物料协调与优化配置方法，生产作业负荷均衡与生产设备配置方法，基于订单变化的生产物料、工艺及设备动态调整方法；解决农机装备智能制造各个环节的信息沟通与效率问题；完善各环节信息流和知识库；构建智能制造流程与体系，形成智能制造生产模式。

### 8. 农机装备高能驱动与高效传动技术

研究低油耗、低排放、低噪声、新能源发动机技术，以及发动机高压共轨控制、排气涡轮增压、电控喷射等关键技术，研制适用于农用动力机械的电控喷射与新能源发动机。研究农业动力机械动力换挡、液压机械无级变速、机具匹配等关键技术，研究自动换挡控制策略和控制方法，研制自动换挡变速箱和液压机械无级变速箱。

## 9. 农机装备大田精准作业技术

围绕大田农业增产增效、品质提升、资源节约、生态可持续发展需求，主要包括"星—机—网"农业生命信息、土壤信息和农田环境信息协同感知与机载快速获取技术、航空、航天和地面农业信息获取技术、农田精准作业导航与变量作业控制技术、精准农业农田信息快速获取技术、精准作业数字化管理与智能决策等。研究农业信息精测技术、变量作业精施装备技术，开发具有自主导航、多维信息实时融合、多机协同操作等功能的精细耕作、精密播种、精量灌溉、精准施肥、对靶喷药、自动除草和自主收获等智能化装备及系统；研究系统装备作业精管技术，开发基于知识驱动云管理技术的全程机械化机群作业质量监控、农机装备运维管理知识中心，构建大田精准农业作业技术体系。

## 10. 农业机器人技术

围绕非完全信息环境下感知与认知、人机交互与群体智能决策、灵巧型末端智能执行等重点研究方法，研究农业智能作业机器人感知技术，研究群体与环境数据分析的主动感知与人机融合的群体智能演进机制，开发基于视觉、触觉、听觉、味觉技术的空间环境、靶标位置与形态等多模态信息感知系统，开展人机交互、深度学习与群体智能决策技术研究。

## 11. 农田智能作业系统及装备

围绕关键核心技术自主化，主导装备智能化发展需求，以粮、棉、油、糖等大宗粮食和战略性经济作物育、耕、种、管、收、运、储等主要生产过程及现代果园、设施园艺与养殖智能生产为重点，研发高效环保农林智能动力、多功能与定位变量作业、设施种植和健康养殖智能化精细生产、农产品产地绿色节能处理及林木培育、智能采收加工等重大智能技术与装备，提高农机装备信息收集、智能决策和精准作业能力，推进形成面向农业智能生产的整体解决方案。

## 12. 农业智能作业机器人

研究开发农用机器人通用控制软件、安全控制、靶向目标、高精度运动解算及规划等人机协同群体智能决策系统；开展高效鲁棒机器人专用驱动及末端执行机构技术研究，开发具有高性能伺服、振动抑制、惯量动态补偿的驱动机构和多指灵巧、快换功能的末端执行器；开发自动巡检、密闭环境与靶向施药、精密定植、选择剪枝、快速套袋、识别采集、柔性搬运、智能分拣等农业智能作业机器人。

13. 农机装备智能化生产线

以流程制造、离散制造、智能管理、智能服务为重点，开展制造与生产组织管理技术研究，开发小批量定制化制造快速响应、动态调度、自主生产无人值守、制造资源效率评估系统；开展物流与供应链管理技术研究，开发物流与供应链成本分析与控制、快速精确反应系统；推进以数字化/智能化工厂为方向的流程制造、以数字化车间/智能工厂为方向的离散制造、以个性化定制/网络协同开发/电子商务为代表的智能制造新业态新模式、以物流管理/能源管理智慧化为方向的智能化管理、以在线监测/远程诊断与云服务为代表的智能服务一体化的智能制造生产线。

14. 农机智能调度与运维管理平台

围绕农机集群作业产生的海量时空特性数据，研究基于多传感器信息融合的农机作业故障预警模型，实现农机作业故障的快速定位、诊断和预警，缩短农机运维时间，提升农机工作效率；建立农机作业协同调度模型和农机作业路径规划模型，实现数据驱动和知识引导的农机作业自主决策；开展农机作业海量多源异构大数据接入、融合、存储和计算技术研究，构建农机智能调度与运维管理服务平台，实现海量多源异构数据的弹性运算、可靠存储、高效分析和智慧服务，使农机资源能够按需按量合理分配到不同区域的农业生产中，提高农机利用效率。

# 五、农业科技创新举措

科技创新是推动农业产业兴旺的重要动力。在质量兴农、绿色兴农、深化农业供给侧结构性改革、推动农业由增产导向转向提质导向的战略部署下，从根本上需要依靠科技创新转变发展方式、转换增长动力，提高农业创新力、竞争力和全要素生产率，加速中国由农业大国向农业强国转变。鉴于中国农业产业大但不强，农产品多而不优，第一二三产业融合不深，农业生产基础薄弱，现代设施装备应用缺乏，科技支撑能力仍显不足，农业经营集中度不高，农业科技人才不足，千家万户的小农户生产经营方式难以适应千变万化的大市场竞争要求等相关问题，应实施系列创新举措，提升中国农业科技水平，支撑中国农业走绿色高质量发展之路。

## （一）加强战略规划布局，提升农业科技供给

### 1. 围绕农业产业发展重大需求，系统布局科技创新专项体系

一是制定农业产业科技创新发展专项规划或文件。面向国家科技创新规划，加强顶层设计，专门针对农业产业发展过程中的"卡脖子"关键技术问题，如先进种业、高效绿色生态环境处理技术，高新智能农机装备和农业大数据传感、集成处理技术，营养健康基础研究与食品加工应用基础研究相关高新技术等，科学统筹规划与设计，依据农业产业发展客观水平，制定切实有效、满足产业发展重大关切的科学技术创新发展规划，引导科技资源和科技人才投入产业发展最需求的领域中去。二是加强研发部署，抢占农业科技创新战略制高点。围绕农业农村产业发展重大需求、瓶颈制约问题和科技工作部署，做好农业农村科技领域的总体设计，不断优化以国家重点研发计划项目为引领的科技计划布局，构筑先发优势。在现代种业、食品营养健康、绿色生态农业、智能农业等农业产业科技创新核心领域部署实施若干重点研发专项或重大专项，不仅聚焦国内农业农村产业发展需求，更要聚焦国际农业产业发展前沿高新技术动态，超前部署一批中国农业产业发展水平的高新技术科技计划专项。三是统筹全国农业产业科技发展规划实施，依据地方农业产业发展特色和客观水平，鼓励地方政府结合当地农业产业发展需求设计并启动区域农业产业科技发展专项。加大科技专项投入，调配专项资源和

政策支持，设立人才、项目和财政方面的优惠政策，引导农业产业运营主体和科技创新研发主体协同合作，在提升产业主体研发创新能力的同时，提高研发创新主体对区域市场、全国市场和全球市场的直观认识，了解市场和产业发展的第一需求，围绕产业主体核心需求开展科技创新工作。

### 2. 协同区域发展特征，优化部署基地平台体系

一是布局启动建设一批以农业高新技术为引领的科技园区。在建设农业高新技术产业示范区的基础上，统筹农业产业科技园区规划，科学布局农业产业科技园区建设。结合各地农业产业发展实际，高起点、高标准、宽视野编制具有科学性、前瞻性、可操作性的产业科技园区建设规划。综合考虑产业优势、发展潜力、经济实力、环境容量和资源承载能力等各种因素，系统布局国家级、省级、州市级农业产业科技园区建设。二是引导科技、信息、人才、资金等创新要素向农业产业科技园区集聚。吸引汇聚农业产业科研机构、高等院校等科技创新资源，发展面向市场的新型农业技术研发、成果转化和产业孵化机构，建设农业科技成果转化中心、科技人员创业平台、高新技术产业孵化器及农业产业高级技能人才培训基地。

### 3. 创新健全投融资体系，引导研发资金投入

一是拓宽资金渠道，鼓励不同类别、不同领域资本进入农业产业科技创新投资，各级财政及涉农主管部门加大农业产业发展专项资金整合力度，调整优化支出结构，创新财政资金使用方式，鼓励通过政府和社会资本合作（PPP）、众筹、发行债券、上市融资等方式拓宽融资渠道，大力支持城市工商资本和个人资本面向农业科技领域投资。二是创新资金使用模式，吸引不同类别、不同领域资本聚集。综合采取多种方式引导社会资本和地方政府在现行政策框架下设立现代农业领域创业投资基金，支持农业科技成果在示范区转化落地；通过 PPP 等模式，吸引社会资本向农业产业示范区集聚，支持示范区的基础设施建设；鼓励社会资本在示范区所在县域使用自有资金参与投资组建村镇银行等农村金融

机构。

## （二）培育农业科技创新主体，满足农业产业发展需求

进一步研究分析农业科技创新活动中企业、科研院所、高校、社会组织等各类创新主体的功能定位。结合国内外农业产业科技创新主体历程和发展特征，强化各类农业科技创新主体的分工协作，整合农业科技资源，建立协同创新机制，推动产学研用、农科教企紧密结合。鼓励企业结合市场需求和消费发展趋势，逐步发展为农业产业科技创新主体，引领创新发展，激发科技创新活力，提高科技成果转化效率。

### 1. 突出推动企业成为农业产业技术创新主体

一是培育创新型农业科技企业，更好发挥企业作为技术创新决策、研发投入、科研组织和成果转化的主体作用。着重开展应用技术研发，并尽快成为农业技术创新主体；鼓励和支持企业自主开展或与优势农业科研院所、高校联合开展基础研究或应用研究。二是引导和支持企业主持或参与农业产业发展相关科技项目。不断健全和完善相关政策措施，鼓励有能力的企业自主设立课题，开展农业产业应用研究，支持企业参与或主持科技重大专项、公益性行业（农业）科研专项、高新技术产业化项目、农业科技成果转化等项目，对于产业化特征突出的重大科技项目，可由有条件的企业牵头组织实施；支持企业参与国家或地方创新团队、农业科技基础条件支撑体系和区域农业科技协作体系建设。三是合理配置现有资金、项目资源，支持有条件的企业自主建立高水平研发机构，或与农业科研院所、高校联合组建高水平研发机构，积极推动骨干企业与优势农业科研院所、高校建立实质性产学研协同创新联合体；加大农业科技企业开展农业科技创新的支持和培育力度，提升企业自主创新能力和产品竞争能力；形成完善的研发组织体系，集聚高端创新人才。四是引导领军企业联合中小企业和科研单位系统布局创新链、提供产业技术创新整体解决方案，培育一批核心技术能力突出、集成创新能力强、引领重要产业发展的创新型企业，力争有一批企业进入全球百强创新型企业。

## 2. 积极发挥科研院所、高校基础研究和人才培养的优势

培育和建设世界一流的农业大学和科研院所，充分发挥高校和科研院所作为基础研究和原始创新、科技创新人才培养的主体作用。国家级农业科研院所、高校着重加强基础研究和战略性、前沿性、公益性研究；地方农业科研院所、高校着重解决本区域农业产业技术需求，开展应用研究。

一是明晰农业科研院所功能定位，增强在农业基础前沿和行业共性关键技术研发中的骨干引领作用。健全现代科研院所制度，形成符合创新规律、体现农业产业特色、实施分类管理的法人治理结构；围绕国家重大任务，有效整合优势科研资源，建设综合性、高水平的国际化农业科技创新基地，在农业若干优势领域形成一批具有鲜明特色的世界级科学研究中心。二是大力促进建设世界一流农业大学和一流农业学科。加快中国特色现代农业大学制度建设，深入推进管、办、评分离，扩大学校办学自主权，完善学校内部治理结构；引导大学加强基础研究和追求学术卓越，组建跨学科、综合交叉的科研团队，形成一批优势学科集群和高水平科技创新基地，建立创新能力评估基础上的绩效拨款制度，系统提升人才培养、学科建设、科技研发三位一体创新水平；增强原始创新能力和服务经济社会发展能力，推动一批高水平大学和学科进入世界一流行列或前列。

## 3. 开放共享科技资源促进产学研协同创新合作

加快推进科研设施与仪器向高校、科研院所、企业、社会研发组织等社会用户开放，实现资源共享，充分释放服务潜能，为科技创新和社会需求服务，为实施创新驱动发展战略提供有效支撑。

一是推动国家重大科研基础设施和大型科研仪器的开放共享，充分释放服务潜能，提高使用效率，为其他高校、科研院所、企业、社会研发组织及个人等社会用户提供服务，尤其要为创新创业、中小微企业发展提供支撑保障。二是围绕企业和农产品生产消费需求，加快农业科技知识传播、农业技术转移和科技人才交流，开放共享农业科技资源。建

立科企、校企合作技术研发公共平台，国家支持建设的国家级、省部级农业领域重点实验室、工程（技术）中心、检测（检验）中心、科研试验（示范）基地、种质资源库（圃）、农业数据库等科研设施与科技资源，建立面向企业的开放共享制度。三是国家支持的科研活动所获得的信息资料，要在符合国家安全规定、明晰并保护知识产权的前提下，最大限度地向社会公开。将企业从事科技创新的基本情况，纳入农业科技统计范围当中。

## （三）健全创新人才体系，壮大农业科技人才队伍

与实施乡村振兴战略和人才强国战略的内在需求相比，中国农业农村人才的规模、结构、素质等仍存在不小的差距。推动农业农村现代化，急需培养一批紧跟国际农业科技前沿和战略性新兴产业，引领相关行业和领域科技创新发展方向、组织完成重大科技任务的领军人才；造就一批着眼于推动企业成为技术创新主体、加快科技成果转移转化，具有创新创业能力的优秀创业人才；稳定一批从事农业产业技术研发、推广、管理的新型农业技术人员、职业农民和服务基层的农技推广人才。

### 1. 加强多学科融合，大力培养引进创新型人才及团队

一是加快农业创新人才培养模式创新，根据现代农业产业发展的特点，引导推动农业创新人才培养链与产业链、创新链有机衔接。加强不同学科领域的交叉融合，将人工智能、大数据、物联网、生物信息学等技术理论思想融入相关学科，通过学科和课程设置的优化，培养出更加符合产业需求的复合型人才。二是依托国家各类人才计划和项目，包括国家"万人计划"科技创新领军人才、青年拔尖人才、长江学者向农业科技人才倾斜，鼓励优秀青年人才申报国家杰出青年科学基金、优秀青年基金，注重对高层次人才和紧缺人才的引进，培养造就专业化、复合型的人才队伍与创新团队。三是紧密结合国家重大战略需求，加强多层次、跨行业、跨专业的农业创新人才培养，进一步加大对优秀中青年人才和高水平创新团队的支持力度，为农业科技创新与产业的可持续发展提供人才支撑。

## 2. 激发创业创新热情，培养和造就一批科技创业人才

一是发挥科技特派员优势，实现从科技扶贫向科技创业转变。鼓励科技特派员通过资金入股、技术参股、技术承包等形式，与所在地区农民、专业大户、龙头企业结成利益共同体，逐步形成"利益共享与风险共担相结合、市场驱动与政府引导相结合、利益回报与风险防范相结合、激励与约束相结合"的多元化、开放式、充满活力的农村科技创业新机制。二是大力培育农业高技术企业，培养科技创业人才。鼓励引导有志于农业的有识之士，通过改造提升传统农业产业企业、领办创办农业高新技术企业等方式，大力培育农业高新技术企业，不断激发农业高新技术企业研发人员的创业活力和热情，培养造就一批农业复合人才和具有创新精神的企业家。三是不断建立健全农业科技创新创业载体平台，加快星创天地、高校新农村发展研究院等建设，培育发展新型农业经营和服务主体，不断完善农业农村科技服务体系；制定并落实涉农领域创业的各项扶持政策和人才评价机制，对在促进现代农业发展和新农村建设中做出贡献的农业创业人才，予以一定的保障和奖励，为创业人才营造良好的创业环境。

## 3. 完善农村实用人才培养机制，稳定一批农业专业推广人才和队伍

一是健全培训体系，优化专业人才队伍，培养农业产业技术研发、推广、管理等人才；支持和鼓励农业科研院所和高校对农业技术人员、新型职业农民、新型农业经营主体负责人、农村实用人才等开展常态化的培训，加大培训投入，整合培训资源，增强培训能力，创新培训机制，建设具有区域特点的农民培训基地，提升农民职业技能，优化农业从业者结构。鼓励科研院所、高校、企业和社会力量开展专业化教育，培训更多爱农业、懂技术、善经营的新型职业农民。二是进一步完善符合农业科研和技术推广特点的长期稳定培养支持机制，打造具有国际水平的农业科研人才队伍，促进农技推广人才队伍健康发展；完善农村实用人才培养机制，启动实施农村实用人才"学历提升计划"；搭建让各

类人才创造活力竞相迸发、聪明才智充分涌流的发展平台，建立更加体现人才价值导向的分配激励机制。三是为农业农村人才成长创造良好环境，充分利用、整合现有各类支持政策，积极推动在市场准入、财政税收、金融服务、用地用电、教育培训、社会保障等方面出台扶持政策，帮助他们在农业农村现代化的实践中快速成长。

## （四）强化农业科技国际合作，融入全球农业产业发展创新网络

当前，国际经济增长趋缓，国际经济发展格局开始发生重大变化，以遏制新兴经济体和发展中国家发展为目标的单边主义和贸易保护主义抬头，为世界农业产业科技创新发展带来一定阻力，为促进中国和世界农业产业科技创新健康稳健发展，应强化农业产业科技创新国际合作，防止政治壁垒向科技壁垒方向的延伸。

### 1. 开展农业产业科技创新战略与政策研究，提出未来针对性、契合度更强的合作路线图

针对典型农业产业发达国家相关农业优势领域，从国家科技战略、规划、布局、政策及科学研究前沿等角度开展前瞻性、针对性的创新政策研究及智库建设，研究其在此领域的科技发展趋势，开展科学评估与预测预判，学习借鉴国外先进经验，形成符合中国国情的科技创新的主要任务和发展重点，提出有针对性的政策建议和保障措施，为中国相关农业领域的可持续发展提供政策支撑，并为持续开展国际务实合作提供有益借鉴。

### 2. 开展农业产业创新合作创新活动，推动一批高质量联合研发项目落地

围绕营养与健康、生物技术、动物科学、绿色生态与可持续技术、智慧农业等农业产业高新技术领域，与典型先进国家共同就基础科学、应用前沿、产业化应用等研究热点和方向，以创新成果为导向，组织召开高层论坛或科技创新交流会议，邀请国内外科学家、企业家参会，围

绕全产业链科技创新开展深入交流研讨对一些急需解决的重大难点问题,以国际合作研发项目或科学计划等形式组织联合研究与攻关,加速打造科研学术高地,以期获得一批重要的联合研究成果。

### 3. 实施多层次农业科技交流与人才培养举措,促进密切交流与创新人才培养

推动形成农业科技管理人员互访机制,推动政府间围绕科技合作意向、共同面对的农业产业科技创新问题和科技合作计划进行深入探讨。针对跨国合作优先领域发展技术难题,组织高层次科技人才定期互访,建立常态化的交流互访机制,促进农业产业科技信息、科技成果和科研骨干的互动交流,同时通过联合培养硕博研究生等形式,提升中国农业科研能力及水平,加快优先领域合作,尽快取得突破性进展。

# 第八章 农业产业转型与
# 农村经济结构升级路径

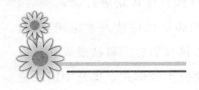

## 第一节 大力推进农业产业结构转型升级

大力推进农业产业结构转型升级对于加快转变经济发展方式具有重大意义，是当前和今后时期现代化建设的一项重大任务。当前，我国应重点做好以下几项工作。

### 一、推动战略性新兴产业健康发展

一是做好统筹规划，调动各方的积极性，加速推进重大技术突破，加快形成先导性、支柱性产业，切实提高产业核心竞争力和经济效益。二是加大财税金融支持力度。按照加快培育发展战略性新兴产业的决策和规划，落实并完善财政、金融、税收等方面的优惠政策。继续安排专项资金，统筹推进 20 项重大产业创新发展工程和应用示范工程。三是完善市场培育、应用与准入政策。支持扩大节能环保、生物产业等产品市场，继续做好"三网融合"工作，加快建立重要产品技术标准体系，优化市场准入管理程序。四是加快突破新兴产业关键核心技术。加大投入、依托企业、健全机制，整体推进电子信息、先进制造、节能环保、生物医药等领域技术研发，争取掌握一批具有发展主导地位的关键核心技术。同时，加强战略性新兴产业领域基础和前沿技术研究。

## 二、加快企业技术改造

一是加快推进技术创新和科技成果产业化，推动先进技术产业化应用。二是加快推广应用先进制造系统、智能制造设备及大型成套技术装备。支持重点企业瞄准世界前沿技术，加快装备升级改造，推动关键领域的技术装备达到国际先进水平。三是加快推广国内外先进节能、节水、节材技术和工艺，提高能源资源利用效率，提高成熟适用的生产技术普及率。四是着力推进精益制造，改进工艺流程，提高制造水平。五是深化信息技术应用，加快推广应用现代生产管理系统等关键共性技术，推进信息化和工业化深度融合。

## 三、鼓励企业跨行业、跨区域、跨所有制兼并重组

总体要求：要以习近平新时代中国特色社会主义思想为指导，以产业结构调整为主线，以规模效益显著的行业为重点，坚持市场化运作，发挥企业主体作用，充分发挥政府引导作用，提高产业集中度和资源配置效率，提高国际竞争力，推动重点行业健康有序发展，加快经济结构调整和发展方式转变。

一是坚持市场化运作，发挥企业主体作用。充分发挥市场的基础性作用，遵循经济规律和市场准则，尊重企业意愿，由企业通过平等协商，自愿自主地开展兼并重组。二是完善政策措施，发挥政府引导作用。完善相关行业规划和政策措施，努力营造有利于企业兼并重组的政策环境。完善企业兼并重组服务管理体系，努力消除制约企业兼并重组的体制机制障碍，规范行政行为。三是推动体制创新，加快转型升级。支持企业通过兼并重组完善治理结构，增强技术优势，开展管理创新，加强品牌建设，淘汰落后产能，提高国际竞争力，推进转型升级。四是实行分类指导，促进大中小企业协调发展。结合行业自身特点和企业实际情况实行分类指导，促进各种所有制企业公平竞争和优胜劣汰，促进

大中小企业协调发展，形成结构合理、有效竞争、规范有序的市场格局。五是加强统筹兼顾，维护企业、社会和谐稳定。严格执行相关法律法规和产业政策，兼顾国家、地方、企业和职工的利益，依法维护债权人、债务人和企业职工等利益主体的合法权益，促进社会和谐稳定发展。

## 四、进一步发展壮大服务业

要立足我国产业基础，发挥比较优势，以市场需求为导向，突出重点，引导资源要素合理集聚，构建结构优化、水平先进、开放共赢、优势互补的服务业发展格局。一是要加快发展生产性服务业。围绕促进工业转型升级和加快农业现代化进程，推动生产性服务业向中、高端发展，深化产业融合，细化专业分工，增强服务功能，提高创新能力，不断提高我国产业综合竞争力。二是满足人民群众多层次多样化需求，大力发展生活性服务业，丰富服务供给，完善服务标准，提高服务质量，不断满足广大人民群众日益增长的物质文化生活需要。在巩固传统业态基础上，积极拓展新型服务领域，不断培育形成服务业新的增长点。从促进消费升级出发，不断创造新的消费需求，特别是要把基于宽带和无线的信息消费作为新一轮扩大消费需求的重点领域。积极培育发展电子商务、网络文化、数字家庭等新兴消费热点。三是以发展农村经济、促进农业现代化、增加农民收入和提高农民生活质量为重点，贯彻统筹城乡发展的基本方略，协同推进城镇化和农村发展，积极引导各类市场主体进入，推动农村服务业水平尽快上一个新台阶。四是紧扣海洋经济发展战略部署和要求，加强陆海统筹，不断拓展服务领域，提升服务层次和水平。五是统筹国内服务业发展和对外开放，加快转变对外贸易发展方式，大力发展服务贸易，积极合理有效利用外资，推动有条件的服务业企业"走出去"，完善更加适应发展开放型经济要求的体制机制，有效防范风险，充分利用好国际国内两个市场、两种资源，积极参与服务贸易规则制定，深入推进与港澳台地区服务业合作，在更大范围、更广领域、更高层次上参与服务业国际合作与竞争。六是大力推进服务业各项改革，着力破除制约服务业发展的体制机制障碍，争取在重点领域和关键环节取得突破，进一步研究制定促进服务业加快发展的政策措施，完善服务业市场监管体系，营造有利于服务业发展的体制机制和政策环境。

## 五、大力支持小型微型企业发展

小型微型企业在增加就业、促进经济增长、科技创新、民生改善、社会和谐稳定等方面具有不可替代的作用，对促进产业优化升级、转变经济发展方式、推动国民经济和社会持续健康发展具有重要的战略意义。

第一，要进一步加大财税政策支持力度。一是建立财政支持资金稳定增长机制。要进一步落实好国发"资金总规模要逐年增加"的政策，继续加大力度，建立资金总规模稳定增长的机制。二是加强国家小型微型企业发展基金的设立工作。加快出台基金设立、管理、运作等相关文件，让基金尽快发挥作用。三是进一步研究税收政策。突出扶持科技型、创业型和劳动密集型小型微型企业的发展，形成系统完备、有利于企业发展的税收政策体系。四是继续清理整顿涉及小型微型企业的不合理负担。继续减免部分涉企收费，规范具有垄断性的经营服务性收费。

第二，要进一步推动解决小型微型企业融资问题。要按照深化金融体制改革，健全促进宏观经济稳定、支持实体经济发展的现代金融体系精神，研究建立小型微型企业政策性金融体系，加快建立覆盖全社会的小型微型企业信用信息征集与评价体系，完善小型微型企业信用担保体系，加大政策引导小型微型企业创业（风险）投资发展的力度，切实降低融资成本，多方位满足小型微型企业金融需求。

第三，要进一步提高小型微型企业发展的质量和效益。要大力转变小型微型企业发展方式，坚持"专精特新"，鼓励小型微型企业走专业化、精细化、特色化、新颖化发展道路；坚持集群发展，积极发展专业化产业集群，提高小型微型企业集聚度，提高与大型企业的协作配套水平；坚持转型升级，支持小型微型企业运用先进适用技术以及新工艺、新设备、新材料进行技术改造，提高产品质量和附加值；加强管理，积极引导小型微型企业加强基础管理，推进企业制度创新和管理创新，加快推进小型微型企业信息化，大力提升小型微型企业管理水平。

第四，大力推进服务体系建设。支持建立和完善为小型微型企业服务的公共服务平台。实施小型微型企业公共服务平台网络建设工程，调动和优化配置服务资源，增强政策咨询、创业创新、知识产权、投资融资、管理诊断、检验检测、人才培训市场开拓、财务指导、信息化服务等各类服务功能，重点为小型微型企业提供质优价惠的服务。

# 第二节　促进消费主导型经济结构的形成

消费需求是社会总需求的最终落脚点，是经济发展最重要的制约因素，作为拉动经济增长的"三驾马车"之一，与投资需求和出口需求相比，它是经济增长中最稳定、最基础的需求。一国经济发展的快慢，很大程度上取决于消费需求的大小。消费需求的规模扩大和结构升级是促进经济快速健康发展的根本动力。

改革开放以来，我国一直十分重视经济结构和经济发展方式问题。坚持扩大内需特别是消费需求的战略，加快形成消费、投资、出口协调拉动经济增长的新局面。我国应以扩大居民消费需求为着力点，大力增强消费对经济发展的推动作用，努力构建消费主导型发展模式，促进消费主导型经济结构的形成，使我国经济进入新的发展境界。

## 一、构建消费主导型经济结构的必要性

### （一）扩大消费有利于增强我国经济增长的稳定性

从国际经验来看，大国经济一般都是内需主导型经济。大国与小国的发展模式不同：小国资源有限，必须依靠对外贸易，大国则应该依靠

内需来发展经济。扩大消费需求，把消费作为拉动经济增长的主动力，有利于增强经济增长的稳定性。一方面，在投资、消费和出口拉动经济增长的三大需求中，消费增长最为稳定，对经济增长的拉动作用最为持久。在 GDP 年新增额中，消费需求变动幅度小于投资和净出口的波动幅度，即在经济扩张时期，消费需求扩张不如投资扩张得那么明显，在经济收缩时期，消费需求收缩也没有投资需求收缩那么快。另一方面，在消费需求、投资需求和出口需求中，消费需求作为最终需求，对总需求的增长具有决定性作用。特别是从中长期来看，没有消费需求支撑的高投资必定是不可持续的。

### （二）扩大消费是促进经济协调发展的根本出路

扩大消费是促进经济协调发展的重要路径之一。消费在经济中具有重要的地位和作用，它不仅是满足人们日常生活需求的手段，还是推动经济增长和促进产业升级的动力。

通过扩大消费，可以刺激需求，拉动经济增长。消费需求的增加会带动商品和服务的需求增长，促使企业增加生产和投资，刺激就业增长，提升居民收入水平，形成良性的经济循环。特别是在当前经济增速放缓、投资增长乏力的背景下，扩大消费对于保持经济稳定和增长具有重要意义。

同时，扩大消费也有利于经济结构调整和升级。通过增加居民消费支出，可以推动服务业发展，提升消费品质和消费结构，促进技术进步和创新。消费需求的变化也会引导产业结构的调整，推动传统产业向现代产业转型升级，培育新的经济增长点。

扩大消费还能够促进社会公平和改善民生。通过提高居民收入水平、扩大社会保障覆盖范围、改善教育医疗等公共服务，可以提升居民的消费能力和消费意愿，实现更加公平、可持续的经济发展。

为了有效地扩大消费，需要从多个方面进行努力。政府可以采取措施，如减税降费、扩大社会保障覆盖、增加居民收入等，激发居民的消费意愿。同时，加强消费者权益保护，提高消费者信心，增强消费者对市场的信任。此外，还可以通过改善消费环境、提升消费品质和服务水平等方式，满足人们对于美好生活的需求，促进消费升级。

总之，扩大消费是促进经济协调发展的根本出路，需要政府、企业和消费者共同努力，形成良性的消费增长格局，为经济持续稳定增长提供有力支撑。

### （三）扩大消费是实现经济发展目的的最佳途径

消费是社会再生产的终点或最终目的，生产与消费作为经济社会活动的两个重要环节，只有保持关系平衡才能维持社会再生产的顺利进行。如果商品不能被消费者接受，不能实现"惊险的跳跃"，那么摔坏的就不是商品而是商品生产者。在生产和消费的关系中，应该突出人的需要即消费；政府的目的是使全体公民都能感受到物质生活所带来的快乐。国民福利的提高源于国民总效用的增加，最能提升国民总效用的方法就是增加商品和服务的总消费，而投资活动本身并不能增加国民效用。在投资增长过快、投资率过高的情况下，尽管经济增长速度很快，但由于约一半国民产出用于投资，经济高增长并未带来大多数民众福利水平的同步提高。这既不符合经济发展的最终目的，也与全面建成惠及广大人民群众的小康社会的战略目标相背离。

## 二、我国消费主导型经济结构的实现途径

扩大内需、刺激消费是我国经济可持续增长的有效手段。居民消费增长率每提高 1 个百分点，大致相当于投资率提高 1.5 个百分点。尽管消费对拉动经济增长的效应非常明显，但要实现我国经济增长由以投资和出口拉动为主向以消费拉动为主的转变。因此，政府要努力创造条件，多管齐下，加快实现消费主导型经济结构的进程。

### （一）改善民生，扩大居民消费

一是千方百计扩大就业。要把扩大就业摆在经济社会发展更加突出的位置，坚持实施积极的就业政策，强化政府促进就业的公共服务职能，健全就业服务体系，加快建立政府扶助、社会参与的职业技能培训

机制，完善对困难群众的就业援助制度。二是合理调节收入分配。要坚持各种生产要素按贡献参与分配，着力提高低收入者收入水平，逐步扩大中等收入者比重，在经济发展基础上逐步提高最低生活保障和最低工资标准。三是完善公共卫生和医疗服务体系。加大政府对卫生事业的投入力度，大力发展社区卫生服务。深化医疗卫生体制改革，认真研究并逐步解决群众看病难、看病贵的问题。四是深化教育改革。强化政府的义务教育保证责任，大力发展职业教育，加大教育投入，建立有效的教育资助体系。

## （二）提高农村居民收入

扩大消费需求的重点应放在提高农民收入上。为此，一要采取综合措施，广泛开拓农民增收渠道。二要大力发展县域经济，加强农村劳动力技能培训，引导富余劳动力向非农产业和城镇有序转移，带动乡镇企业和小城镇发展。三要继续完善现有农业补贴政策，保持农产品价格的合理水平，逐步建立符合国情的农业支持保护制度。四要加大扶贫开发力度，提高贫困地区人口素质，改善基本生产生活条件，开拓增收途径。五要逐步建立城乡统一的劳动力市场和公平竞争的就业制度，依法保障进城务工人员的各项权益。

## （三）整顿市场秩序，净化消费环境

整顿和规范市场经济秩序的中心内容是直接关系到广大群众切身利益、社会危害严重的突出问题，切实维护消费者合法权益。因此，创造良好的消费环境，既是整顿和规范市场经济秩序的主要内容，又是促进我国消费主导型经济结构形成的必要条件。

## （四）扩大社会保障覆盖面，提高社会保障水平

消费者普遍的心理预期是未来收入具有不确定性和支出具有确定性。为此，要建立健全与经济发展水平相适应的社会保障体系，合理确定保障标准和方式；完善城镇职工基本养老和基本医疗、失业、工伤、生育保险制度；增加财政的社会保障投入，多渠道筹措社会保障基金；

逐步提高基本养老保险社会统筹层次；解决进城务工人员社会保障问题等。同时，把健全面向中低收入群体的供给体系作为扩大消费的重点，促进消费潜力的有效释放。当前消费不振的原因之一在于消费结构断档，供给与需求结构不衔接。一方面，高档消费品供给过多，需求不足；另一方面，适合中低收入群体的房地产、汽车、教育、医疗等产品供给不足，远远不能满足需求。因此，政府一方面应当对高档消费品的生产和消费通过税费形式加以限制；另一方面，要采取必要手段，加大对普通大众可承受的廉价商品供给力度，从而有效引导普通大众消费潜力的释放。

# 第三节　推动区域城乡经济结构协调发展

## 一、构建中国的橄榄形社会

一个社会的稳定性同社会阶层财富的分布结构有关，所谓橄榄形社会是指社会阶层财富的分布结构呈中间阶层大两头小的橄榄形状，具体情况大致是中产阶层占绝大多数，富豪阶层和赤贫阶层占少数，中间阶层占大多数，其财富或收入水平最接近全社会平均水平，自然形成处于对立两极阶层冲突的缓冲阶层。根据社会学理论可知，橄榄形社会是稳定和谐的社会。

扩大中等收入者比重，形成橄榄形分配格局的目标就是使收入分配相对比较平均，中等收入者占多数。这样做一方面有利于社会稳定，另一方面也有利于满足大多数人民群众日益增长的物质和文化需求，并能够推动经济的均衡增长。

由于市场经济体制和社会经济发展的需要和压力，国家相继出台了一些较为具体的户口管理政策，解决了户口管理和经济社会发展中的一些问题。其目标和原则是，为进一步密切党和政府与人民群众的关系，使户口管理制度在促进人口合理、有序流动和促进经济发展、社会进步等方面发挥更大的作用，有必要在继续严格控制大城市规模、合理发展中等城市和小城市的原则下，逐步改革现行户口管理制度，适时调整有关具体政策。

近年来，中国政府推行的包括免除农业税、在一定程度上推行的义务教育农村医疗保险的推广和全覆盖等在内的一系列重大举措表明中国政府正在实践科学发展观的伟大思想。然而，中国城乡二元户籍制度的根基非常牢固，它对中国经济社会产生的影响是深远的，更准确地讲，其后遗症是非常严重的。中国城乡二元户籍制度不仅导致了今天的城乡二元结构的形成，而且城乡二元户籍制度严重阻碍了劳动力在城乡之间的自由流动。在当前我国社会主义市场经济体制下，城乡之间的资源配置依然不均衡。因此，毫无疑问，必须打破城乡二元结构，实现劳动力在城乡之间的完全自由流动，实现真正的社会主义市场经济。另外，非系统性的、非协调性的一些城乡统筹措施不仅不利于城乡融合，反而可能会引起新的问题，如新市民的职业培训、就业和创业环境的培育及发展问题，新市民子女的义务教育问题，城市化过程中完全失地者的发展问题，等等。这些都是二元户籍制度与一元户籍制度的衔接问题。

统筹城乡发展，以一元体制替代二元结构体制，消除二元经济结构，实现可持续发展，是中国建立社会主义市场经济体制的目的和必然归属。统筹城乡发展是中国经济社会中长期发展的目标。在促成中国城乡二元结构形成和发展的因素中，体制因素多于技术因素。与此相对应，中国的城乡统筹发展实践中存在的困难和障碍往往主要是体制的因素。各地市的城乡统筹措施也都是从改革和完善体制入手的。中国城乡二元结构本质上主要是传统计划经济的产物，而城乡统筹发展就是要破除城乡二元结构体制，建立城乡融合的统一市场。

中国的城乡统筹发展不仅涉及经济理论的创新和政治体制的改革，而且实践性强。现有利益格局是城乡统筹发展的具体障碍，而城乡统筹发展必然触及现有利益格局。因此，中国现有的城乡统筹实践是在利益调整之中进行的。城乡统筹不仅需要国家层面的政策和财政支持，更需要地方财政的支撑。因而中国比较典型的城乡统筹成功案例基本出现于条件比较好的地方，如北京市、深圳市以及西部地区经济领头羊的成渝地区城乡统筹试验区的城乡统筹发展都比较成功。

中国城乡二元结构非常独特、典型。而且由于中国幅员辽阔，城乡发展差距巨大。各地的城乡统筹发展经验都很有价值。

## 二、在城乡统筹发展中转变农村经济结构

城乡统筹发展的目标就是要消除二元经济结构，或者说城乡统筹发展就是要实现从二元经济结构到一元经济结构的转变。在体制创新和技术创新的双重作用下，农村剩余劳动力能够被及时有效地转移到劳动生产率更高的部门。在转移农村剩余劳动力的同时，农业部门广泛使用农业生产技术，实现规模化经营，最终使得无论是转移到城镇的劳动力人口，还是选择继续从事农业生产经营活动的劳动力人口的收入都趋同于全国的平均收入水平，使农村人口整体融入现代化的社会大家庭中。根据中国现在的发展阶段和各级政府积累的物质财富，可以从新农村建设、工业化和信息化以及城市化等几个层次来实现二元经济结构的转换。

### （一）新农村建设

从经济学、社会学、政治学等全方位来看，在某种程度上，新农村建设就是在农村聚集生产要素，改造和重塑农村传统的社区结构，使乡村人口从传统的生产、生活方式转向现代化的生产生活方式。顾名思义，新农村建设的目的就是让部分乡村人口在农村安居乐业，就地发展。但新农村建设应该考虑周边环境的自然条件和市场条件，适当集中。以农村土地集体所有制的配套改革为基础的新农村建设可以促进农业生产的规模化、社会化、服务组织化。我国应在农村推进城镇化的发展，通过实施农业产业化经营，规模化开发生产基地，促进农业产业结构调整和优化，从而提高农业内部劳动生产率、增加农业经营者的收入。

## （二）工业化和信息化

工业高速增长是吸纳农村剩余劳动力的最佳途径，也是经济结构转型的必由之路。中国工业的高速增长得益于改革开放、低成本的农村剩余劳动力工资、外部市场需求的拉动。今后中国工业化、信息化的扩张动力将不仅来源于继续吸纳农村剩余劳动力，更大的动力将来源于这部分人口收入增加后内需的持续增长。工业化使得农村剩余劳动力由劳动生产率低的部门流向劳动生产率高的部门。这会增加全社会的产出，也会增加农村剩余劳动力的收入。传统农业是低附加值产业，而工业和信息产业才是高附加值行业。

## （三）城市化

城市化是解决农村剩余劳动力的有效做法。从全社会资源最优的角度考虑，由于城市的劳动边际产出大于农村的劳动边际产出，让更多的农民工进入城市工作就能够带来更快的经济增长，并且缩小城乡之间的差距。正因为这样，现在各级地方政府都倾向于为农村剩余劳动力进城就业甚至是创业创造条件。各地方政府都不懈地进行招商引资，为本地农村剩余劳动力解决就业问题，以提高本地经济增长速度。在这方面，可以说重庆、成都是大量利用内资和外资解决农村剩余劳动力和推进城乡统筹发展的成功典范。

# 第四节　加快推进农村三大产业的融合发展

## 一、深化农业管理体制改革

现代农业发展的产业融合，必然涉及对土地、水利、林木等农业资源进行市场化的优化配置，客观需要融合型的农业管理思维和服务。其途径便是深化农业管理体制改革。

一是推进农业大部制改革，实行一体化管理，建立适应融合型农业发展的管理体制。首先，合并现有的中央农业直接管理部门，组建农业农村部，实行大部制管理，统筹农业、林业、水利设施、土地资源、林业资源等发展规划以及相关公共政策的制定。将涉农管理的各个环节，包括农资供应、农业初级产品生产、农产品加工、包装、储运、销售、食品安全、检验检疫等纳入管理系统，避免职能交叉，多头管理。其次，整合地方农业管理部门职能，实行分工管理。中央农业管理实行大部制后，地方农业管理部门亦需要进行相应的整合性改革。整合性改革的依据是在明确农业农村部宏观管理职能的前提下，对省、市、县、乡镇级的农业、水利、畜牧、林业管理机构进行整合归并，实行农业统一管理。同时，根据本地农业发展的实际需要因地制宜地制定农业发展规划和政策措施，不必建立上下完全"对口"的机构和运转机制。相关研究表明，一体化管理是市场经济发达国家农业管理体制的共同特点。

二是拓宽农业管理的范围，实行宽领域管理。随着农业与相关产业融合，现代农业的功能日益扩展，产业发展空间更加大，农业行政管理领域不能仅局限于农、林、牧、渔业的生产管理，而应进一步深入土地规划利用、农业教育、科研、推广、农村发展、农业生产资料供应、农产品加工、农产品质量标准、食品安全、生物多样性、生态安全等更加宽泛的涉农领域，实行宽领域管理。

三是赋予农业管理部门有效的管理权力和手段。通过农业立法，对农业部门制定农业发展政策、宏观调控农业的行政手段，财政、金融、税收、价格、补贴等经济手段以及制定农业行政法规和执法手段，进行法治化的明确和规范，建立起相应的法律依据，使农业管理部门成为拥有实际管理权限、权责统一的管理部门，提高管理绩效。

## 二、加强农业科技体系建设

### (一) 调整农业科技发展战略

产业融合有利于提高农业的信息化、生态化、服务化、集约化水平，促进农民增收和农村经济发展，但需要相应的技术进步成果作为支撑。农业科技主管部门应根据中国农业转型的实际，及时调整农业科技战略目标、战略方向、战略重点和战略措施。在战略目标上，要努力实现农业科技整体实力进入世界前列，促进农业综合生产能力的提高，有效保障国家食物安全。在战略方向上，从仅仅注重提高农作物产量，转向同时注重提高农作物产量和质量、提高农产品精深加工水平和鲜活储运等生产和流通技术的研发；从注重资源开发转向注重资源开发技术与市场开拓技术的结合；从注重在某些领域"跟踪"和"赶超"发达国家，转向根据中国新农村建设的现实需求进行自主创新。在战略重点上，以满足农民实际需求为导向，重点支持生物技术、良种培育、丰产栽培、农业节水、疫病防控、循环农业等高产集约型农业技术创新以及信息采集、精准作业、农村远程通信等农业数字化技术创新，将技术创新与农村需求、农业发展和农民增收有机结合起来。在战略措施上，可考虑建立综合性、跨学科的国家农业科技创新体系，以促进产业融合为出发点，整合全国涉农科技资源，通过重大、重点课题立项，以"学科带头人研究团队"的方式，在进行原始创新、消化吸收再创新的同时，进行集成创新，将农业科技成果建立在跨学科、跨专业、跨产业的基础之上，为农业与相关产业融合提供技术支持。

## （二）提高农业科技进步成效

首先，增加农业科技投资总量。农业科技产品属于准公共物品，尽管受专利法保护，但具有一定的非排他性（如农业生物产品在生产过程中可以自我繁殖）和非竞争性（某个农业生产者对某项技术的采用不对其他生产者采用该技术构成限制）。因此，必然存在市场供给农业科技产品不足的情况，需要政府提供农业科技产品。从中国农业科技投入资金来源来看，政府拨款是主渠道，非政府投入起重要补充作用。增加政府的农业公共科技投资是提高农业科技投资总量的根本选择。

其次，优化农业科技投资结构。农业基础研究中的技术创新一般主要体现为生物技术创新。生物体的种植和养殖周期比工业生产长得多，尤其要受到自然条件和生物本身生长规律的制约，其创新周期相当长。因此，我国需要建立起科技投入支持的长效机制。针对中国农业基础研究投入少、研究周期短的实际情况、农业科技主管部门在农业科技创新研究项目立项时，应留出相当比例的经费以用于支持农业基础研究，适当延长研究周期，并进行持续稳定的研究投入支持。

最后，提高农业科技贡献率。农业科技贡献率是农业科技进步的直接经济成效，其高低受到众多因素的影响。其中，农业科技进步水平和农业科技成果转化机制是两大重要因素。涉农企业、科研院所是农业科技进步的主体。政府应通过产业政策调整，创建科技创新平台，建立技术进步的激励机制，鼓励科研主体进行符合农业科技战略重点的技术研究开发，取得具有自主知识产权的科技成果。

## （三）加强农业科技推广体系建设

农业科技推广体系建设是指在农业领域建立健全科技推广体系，以促进农业科技成果的转化和应用，推动农业生产的现代化、智能化和可持续发展。

农业科技推广体系建设包括：①组织体系建设。建立科技推广机构和组织，如农业技术推广中心、农技推广站等，负责农业科技成果的推广和应用。这些组织应具备专业的技术人员和资源，能够提供科技咨询、培训和示范等服务，为农民提供及时有效的技术支持。②农技人员队伍建设。培养和选拔具备农业科技推广能力的专业人才，提高其专业水平和实践能力。加强对农技人员的培训和继续教育，提供更新的农业科技知识和技能，使其能够适应不断变化的农业需求和技术发展。③科技成果转化机制建设，建立科技成果转化的机制和平台，促进科技成果的产业化和商业化。包括加强科技成果的评价和筛选，提供技术转让、合作开发和知识产权保护等支持措施，鼓励科技企业和农业生产者之间的合作，推动科技成果在农业生产中的应用。④农民参与和意识提升。加强农民的参与和意识提升，提高其对农业科技的认知和接受程度。通过组织农民培训、示范推广、农技热线等形式，将农民纳入农业科技推广的主体，激发他们的创新意识和实践能力，推动科技成果的广泛应用。

通过建设完善的农业科技推广体系，可以促进农业生产方式的转变和农业产业的升级，提高农业生产效率和质量，增加农民收入，实现农业的可持续发展。同时，农业科技推广体系建设也为农业科技创新提供了良好的交流和合作平台，促进科技创新与产业发展的紧密结合。

**1. 从推广主体上形成多元化的推广主体**

一是明确农业科研、教育机构为农业科技推广主体，进一步发挥龙头企业、农民合作经济组织在农业科技推广中的积极作用。农业科研、教育机构拥有丰富的人才资源和技术资源，担负着科技创新和人才培养的重要职责。科技创新和人才培养只有面向社会需求，即与农业生产实际要求相吻合，才会转化为现实生产力。实现科技创新和人才培养面向社会需求的重要途径是农业科研、教育机构参与农业科技推广，在推进科技成果产业化的同时，了解农业生产经营的真正需求，实现科研与生产对接。

二是充分发挥龙头企业的农业科技推广功能。龙头企业作为产业融合的主体之一，具有农业科技知识、科技应用上的优势，可通过与农户建立利益连接机制，向农民提供农业科技指导、咨询服务。

三是充分利用农民合作经济组织的农业科技推广优势。作为维护农民利益的集体组织，农民合作经济组织具有提供农业技术信息宣传、指导服务的低交易成本优势，是农业科技推广应用的重要主体。

**2. 从推广机制上建立双向互动运行机制**

农业推广主体在向农民等农业生产者提供农业科技推广服务的同时，应及时了解农民的科技需求信息，并将之及时反馈给农业管理部门以及农业科研、教育机构，以便调整农业科技政策和提升农业科技推广成效，而农民则可及时将农业科技应用中存在的问题、新的农业科技需求信息及时反映给农业科研、教育机构。由此形成"自上而下"与"自下而上"相结合的双向互动机制，建立起农业科研与生产实践之间的有机关联，防止科研与生产脱节，浪费科技资源。

### 3. 从推广形式上实现多样化服务

农业科技推广没有统一的模式。从实际成效来看，科技特派员制度、农业技术培训、农技信息网络化等均符合技术需求主体的要求，有利于技术推广应用和双向互动运行机制的构建。信息化是现代农业发展的重要方向。政府可通过农业网络信息平台，向农民提供科技信息宣传、咨询和指导服务，拓宽农业科技推广渠道。中国农业信息网、华中农业信息网等农业网站，已经成为农业科技推广的便捷渠道。

## 三、完善政府公共服务体系

### (一) 构建融合型产业发展的产业政策体系

产业政策可被界定为针对市场经济运作中可能出现的市场失灵和错误导向，政府为修正市场机制作用和优化经济发展过程，对产业发展、产业结构的调整和产业组织所采取的各种经济政策的总和。按照内容的不同，其可分为产业发展政策、产业结构政策和产业组织政策三大类型。农业与传统的第二、三产业以及信息产业、生物技术产业等的融合发展，涉及农业、工业、服务业、高新技术产业等产业领域。不同产业各有不同的直属管理部门以及相应的产业发展、产业结构和产业组织政策。数字农业、旅游农业、生物农业等融合型产业，具有跨产业属性。尽管难以将其具体划归到现有产业分类中某一具体产业，但其发展成效惠及各融合产业。因此，我国需要构建融合型产业发展的产业政策体系，从科技、财政、金融等方面为产业融合提供政策支持。上述融合型产业均与现代农业发展相关。因此可考虑由农业农村部牵头，联合国家发展和改革委员会、科学技术部、财政部、生态环境部、人民银行等部委联合制定产业政策。识别融合型产业的基本依据是在技术、生产、加工、包装、储运、消费等经济环节，均符合资源节约、环境友好型社会建设的要求，能够有效推动中国现代农业发展。

在科技政策上，打破传统的分行业、部门的研究与开发政策。在制订国家科技计划、进行科技立项时，充分考虑技术融合因素，对融合型产业发展技术研究优先立项，引导建立不同学科交叉融合研究的科研机制，产出更多融合型技术成果，在一定程度上降低技术成果的资产专用性。在财政政策上，为融合型产业发展涉及的相关企业给予税费减免等优惠，扶持产业发展金融政策，对融合型产业发展在贷款金额、贷款期限、贷款利息、还贷方式上提供商业或政策性金融支持，大力发展农业风险投资土地政策，减少融合型产业的土地出让金或土地使用费。

## （二）加强产业融合的标准规范建设

产业融合提供了融合型产品，具有农业属性，涉及资源消耗、生态保护、环境污染、物种多样性、食品安全、健康营养等与人民生命财产安全，乃至人类长远发展直接相关的重大问题。因此，必须建立完善的标准规范。标准规范主要分为两个层次。一是地方性的标准规范。不同地区经济、文化、资源等发展条件不同，农业与相关产业融合形式多种多样。因此，政府相关管理部门必须因地制宜，制定出相应的地方标准，为产业融合规范有序发展提供制度保障。例如，成都市政府制定的《农家乐开业基本条件》《成都市农家乐旅游服务质量等级评定实施细则》等地方标准，对农家乐的开办条件、审批办法、管理制度等予以明确。二是相关的法律规范。相关的法律规范可以统一各地的标准规范，提供统一的参考和指导，确保产业融合发展在法治框架下有序进行，并为相关利益方提供明确的权益保障。同时，法律规范的制定还需要与地方性标准规范相结合，形成相互配套、协调统一的标准体系，促进产业融合的规范化和可持续发展。

改革开放多年来，中国农业立法成就突出，已形成了农业法律体系的基本框架。但随着农业与相关产业的融合发展，新的涉农法律问题，如转基因生物技术应用、转基因食品安全性等关系到生态环境、人类健康的长远性、复杂性问题迫切需要法律依据和强制性的发展制度。我国施行的《中华人民共和国食品安全法》，尽管确立了国家食品安全标准，但其针对的是大类、普通食品的安全管理。转基因类食品等特殊的食品类别缺少相应的高层次法律规范。以全国人大立法为主，加强农业与相关产业融合发展的法治建设，既是解决科技发展与人文关怀之间的矛盾的需要，又是现代农业发展的客观要求。同时，标准制定应积极参考国际标准，与国际接轨，为促进农产品出口、提高农业国际竞争力创造条件。

# 第五节　完善农村经济发展的金融支持体系

## 一、农村金融支持农村经济发展的作用机理

### （一）农村金融对农村经济发展的促进作用

#### 1. 融资功能

农村居民的收入主要用于人们的日常消费和投资（将收入存入金融机构也是投资的一种类型）。当农村金融发展缓慢时，大部分农民会将收入存入金融机构，以此作为主要的投资方式来保证自身的基本利益不受损害。但是，对于农民而言，这种投资方式的增值率过低，无法大幅增加农民的收入。融资功能是金融机构具有的基本功能之一，农村金融机构可以借助该功能为农民提供各种融资方式，保证农民可以在享受各种金融服务的同时，快速积累财富，从而促进农村经济增长。

对于一个金融机构而言，其体系越完善越有利于其融资功能的发挥，其向市场提供的信贷就越多，借贷者从金融机构获得的资金就越多。因此，农民可以通过向农村金融机构借贷的方式以获取用于扩大自身生产规模的资金，从而增加自身收入，促进农村经济的增长。

具体而言，农村金融机构的融资功能具有以下作用。第一，农村金融的融资功能可以解决当前我国农村资金分散的问题。借助这一功能，资金的提供者可以通过利率的提高来增加财富，资金的使用者可以通过获得更多的资金来扩大自身的生产和投资规模，如此循环往复，农村资金就会越来越集中。第二，由于农业生产是季节性特征十分明显的活动，这一特征使得农村资金的供求表现出很强的时间性：农忙时资金严

重不足，农闲时资金充足却没有增加收入的方式。因此，农村金融机构可以利用融资功能合理地安排农民手中空闲的资金，在农忙时为农民提供资金支持，在农闲时帮助农民创造收入。

农村金融机构在农村金融市场进行融资的具体流程是：吸收区域内存款，并以贷款的形式将其投资给需要资金的企业和个人（投资过程承担一定的风险），使资金得以流转起来，以此创造经济效益。农村金融机构借助这一功能，能够充当资金需求方和资金供应方之间的中介，通过金融转换的方式，实现区域内资金的循环利用。总的来说，农村金融机构的融资功能可以满足资金供求双方的需求，进一步改善农村储蓄者与农村资金需求者之间的关系，从而推动农村经济发展。

2．提高资金使用效率

农村金融对农村经济发展的支持作用在很大程度上由资金的使用效率决定。在农村，不同的地区、行业、市场主体决定了其对资金具有不同的需求。部分农村地区存在资金闲置过多的现象，造成了资金浪费；有的地区由于资金短缺，经济发展受到了阻碍。而农村金融机构可以通过为农民提供更多的投资渠道，将农村的闲置资金聚集起来，然后根据不同地区的实际发展需要进行合理的分配，有效地提高了农村地区的资金使用效率，从而带动农村经济增长。

3．促进农业科技进步和农业生产率提高

以往由于农业科技发展缓慢、农村资金分散，使得农民无法利用合适的生产技术来提高农业生产率，进而导致农民收入难以增加，减缓了农村经济发展的速度。农村金融机构的出现不仅解决了农业技术研发资金短缺的问题，促进了农业科技进步，并借助其权威性，减少了先进农业技术推广与应用过程中的阻碍，加快了农业的产业化进程，提高了农业生产率，增加了农民的收入，进而带动了农村经济和金融的快速发展。

## （二）基于金融深化理论的农村金融支持农村经济发展的作用机理

### 1. 金融深化的内涵

（1）金融深化的定义

根据前文描述可知，金融深化理论最早由美国经济学家麦金农（Ronald I. Mckinnon）提出。麦金农认为，为了避免金融抑制现象的产生，政府应该适当放松对金融体系的监管，特别是对利率的监管，真正放开利率市场，确保利率能够充分反映资金的供求关系，充分发挥市场在资源配置中的基础性作用，从而使有限的资金可以分配到高收益的项目，提高资金的配置效率。如果说金融抑制是对问题成因的研究，那么金融深化就是对问题解决方法的研究。基于此，我国许多金融学者都对金融深化做出了定义：①政府放弃对金融市场和金融体系的过分干预，使利率和汇率能够充分反映资金和外汇的需求，并在有效地控制通货膨胀之后，金融体系可以以适当的利率吸引大量的资金，并以恰当的贷款利率吸引有资金需求的实体企业；②从政策的角度，这一理论的实质是金融自由化，为此，政府应放松金融监管，让市场决定金融的发展走向。具体流程为：具有市场化特性的利率会刺激居民将财富存放到金融机构，而后金融机构利用储蓄进行投资，以扩大社会生产性投资，最终增加居民财富。

结合了麦金农的理论、国内经济学家的研究成果，以及我国国情等，本书认为金融深化理论是一个动态的概念，其大致上可以分为三个层次：一是金融增长，即金融规模的不断扩大；二是金融机构数量的增加与金融结构的优化；三是政府逐步放松对金融体系的控制，使金融体系在市场自发性的推动下逐步完善，最终使金融效率得到提高。

（2）金融深化的原因与动力

①信息不对称。

信息不对称，是指进行交易的双方所掌握的交易信息数量不同。在市场经济活动中，信息不对称通常导致拥有市场信息较多的一方在交易过程中占据主导地位，并且有可能会损害拥有市场信息较少的一方的利益。在市场中此类例子有很多，最经典的还是美国著名经济学家乔治·斯蒂格勒（George Stigler）在其《竞争价格理论》一书中为解释信息不对称这一定义而举的二手车交易市场的例子，这也使得经济学界首次认识到信息不对称所带来的弊端。二手车交易市场的例子具体是指：买卖二手车时，卖方比买方更了解车辆的质量等信息，因此卖方通常对车子有一个心理价位，且质量越好心理价位越高；而买方没有足够的信息作为支撑来判断车子的质量，这使其处于被动状态，只能依照市场上普遍的价格进行交易。当买方出价低于卖方心理价位时，卖方坚信车子的价值要高于此，因此不会卖出；当买方出价高于卖方心理价位时，卖方会很乐意卖出，但买方会因此买下实际价值低于购买价格的车子。这样一来，二手车质量越差，就越容易进入市场，但由于二手车质量过差，使得买车的人越来越少，最终导致二手车交易市场难以发展。

②交易成本。

交易成本是指在一定的社会关系中，人们自愿交往、彼此合作达成交易所支付的全部时间成本和货币成本，具体包括传播信息、广告、与市场有关的运输以及谈判、协商、签约、合约执行的监督等活动所花费的成本。金融机构进行交易的前提是交易所获得的投资收益与自身花费的时间和精力成正比。随着信息时代的到来，以及科学技术的不断更新，人们进行交易的成本将越来越低。

（3）金融深化的表现。

金融深化的主要表现是金融机构职能的细化和金融机构专业性的增强，如金融机构从同时负责储蓄、投资等多方面金融业务发展到只负责证券投资和股票等固定几种金融业务，这样一来金融机构的数量也会随之迅速增加。金融机构数量的增加不仅表示金融交易方式的多样化，而且也表示金融供求范围的扩大，从而推动新的金融产品和金融机构的出现，进一步实现金融市场发展的良性循环。具体来讲，金融深化可以表现在以下几个方面。

①建立专业的生产和销售信息的机构。

信息不对称是市场交易过程中普遍存在的现象，要想解决这一问题，关键在于要建立一个交易商制度。在金融领域，交易商是指以收集、贩卖、评价融资主体信息为经营业务的机构，即专业的收集和销售信息的机构。建立专业的收集和销售信息的机构是改正现有金融机构不足的重要方式，也是金融深化的突出表现。当然，这样做并不能完全解决信息不对称的问题。如有些投资者会跟随购买信息者进行投资，这在经济学界被称为"搭便车"行为，由于没有保证，这样的行为很有可能会给跟随者造成损失。

②政府采取措施进行管理。

经济学家随着对金融深化理论研究的深入也意识到，如果政府将金融的管制完全放开，对于金融体系的发展来说就是弊大于利的。因此，政府应该采取措施对金融进行宏观调控，这也是金融深化的重要表现之一。需要注意的是，金融深化环境下的政府管制与金融抑制环境下的政府管制存在较大差异：金融深化环境下的政府管制以制定和执行统一的会计标准、信息披露标准为主，其在金融市场中所起到的是博弈、判断的作用。金融抑制环境下的政府管制往往采取行政配置信贷资金的手段，将相对稀缺的资金分配给政府意愿的领域，其在金融市场中所起到的是调控的作用。

③金融中介的出现。

在我国金融体系改革的过程中，金融中介的出现是金融深化的突出表现之一。金融中介的作用是：实现资金流与物流、信息流的高效整合与匹配；使资源配置效率化；推动企业组织的合理发展。由于金融中介在经营方面具有明显的中介性质，在业务方面表现出明显的分工性质，从而使其与其他金融机构区分开来。总的来说，金融中介的出现不仅表明了我国金融体系的更加健全，而且进一步明确了我国金融市场中金融业务的分工，是我国金融深化改革的重要成果。

④限制条款、抵押和资本净值。

为了对金融市场中的交易行为形成有效的外在约束，在我国金融深化改革的过程中，金融市场内大多数的交易合约条款变得越来越细化，对经营方面的限制条例也越来越多。此外，由于金融交易本身存在不稳定性，在交易的过程中容易出现资金回流困难等问题，如借款人找借口不归还借款或者擅自将有约定用处的资金挪作他用等。为了避免发生此类事件，贷款人可以在双方签订的合同中设置限制性条款。限制性条款的主要内容有两方面：一是限制、约束借款人从事某些违法的活动或者高风险的经济活动、投资活动等；二是鼓励借款人采取正确的经营方式，以保证贷款能如期归还，使借款人树立按期归还的信用意识，形成良好的信用品质。具体做法包括：要求相关的监管部门对借款人的经营状况及资金流动进行监管，以此来确保借款人的合法经营，并明确资金的流向和用途。

综上所述，金融深化的一个典型特征就是金融体系的发展交由市场决定，但在缺少外在因素约束的情况下，金融体系必将朝着单纯的资本运作的方向发展，这不利于社会生产性投资的扩大，因此采取措施对金融体系进行限制既是金融深化的表现，又是金融深化的重要内容。

## 2. 基于金融深化理论的农村金融支持农村经济发展作用机理的逻辑模型

自金融深化理论提出以来，许多经济学家对此进行了全面细致的研究，并深入地分析了金融深化对经济增长的促进作用，明确了这一促进关系的机理。以下将对基于金融深化理论的农村金融支持农村经济发展作用机理的逻辑模型进行研究。首先从农村金融深化的三种效应出发，然后对在此过程中发现的作用机理进行归纳，最终得到其相应的逻辑模型。

（1）农村金融深化的三种效应

在推动金融深化改革的过程中，政府应该放松对利率的监管力度，实现市场利率自由化，并通过增加相关金融机构的储蓄资金来推动地区的经济增长。基于此，农村金融深化带来的三种效应，即储蓄效应、投资效应和投资效率效应。

（2）基于金融深化理论的农村金融支持农村经济发展作用机理

农村金融中介机构出现的原因有两个：一是在交易的过程中，购买方对所要进行交易的物品并不了解，从而导致了信息不对称的现象；二是由于金融市场中的交易成本逐渐增加，使得交易成交数量逐渐减少。农村金融中介机构的出现在一定程度上解决了信息不对称的问题，促进了交易成交数量的增加，进而推动了农村经济发展。与此同时，农村金融机构可以通过市场作用影响金融体系的发展规模、交易结构和交易效率，进而促进农村经济的发展。此外，金融深化可以通过增加资金储蓄、增加金融投资、完善资源配置等形式，来促进农村经济的增长。

①农村金融深化的投资效应。

第一，农村金融深化改革与农村金融市场的发展及农业的发展存在连锁关系。农村金融深化改革可以提高农村金融市场的发展速度，农村金融市场的快速发展又会促进农业技术、农业工具及与农业相关的金融服务向着多元化、差异化的方向发展。此外，进行农村金融深化改革不仅可以通过发展农村金融市场为农民开辟更多的投资渠道，还可以为农民投资提供更多的选择，从而实现农村财富的迅速累积。

第二，农村金融深化改革能够减少农村地区在储蓄过程中存在的信息不对称的问题，解决投资者对于投资内容了解到的信息与实际信息不相符的问题。实际上，正是因为农村金融深化改革的影响，才使得我国农村金融产品的种类得以不断增加，且产品内容愈加丰富；提高了我国大部分农村金融机构的服务效率及产品研发效率，进而促使我国农村金融机构吸收的存款越来越多；帮助农民认识到更多类型的农村金融业务，享受到更优质的金融服务。虽然在有些情况下可以认为，当农村金融机构具有一定储蓄能力时，其储蓄转化能力可以决定该地区的投资质量及投资水平，但是我国农村金融机构的结构在很大程度上会影响其储蓄转换投资的方向。就目前的情况来看，如果在后续的发展中可以解决农村储蓄者与农村金融机构之间信息不对称这一问题，不仅可以同时降低双方的投资风险，还可以提高储蓄资金在农村金融市场中的转化效率，提高农村投资资金的流动效率。

第三，从金融深化理论的角度来看，农村金融中介和农村金融市场的发展可以推动农村储蓄资源转化为农村投资资源的效率及比例。具体过程为：农村金融机构先吸收农村地区的存款，通过自身的转换功能，将这些存款转化为农村投资资金，再投放到农村地区，用以进行农业建设或者满足农民的金融需求。这样不仅可以降低交易过程中的交易成本，而且可以解决交易过程中的信息不对称等一系列问题。也就是说，只要保证我国农村金融机构的发展方向是正确的、稳定的，就可以避免农村金融市场对农村经济发展造成的负面影响，从而进一步增加我国农村地区的经济收入。

②农村金融深化的资源配置效应。

农村金融主要是通过发挥其资源配置功能来实现推动农村经济增长的目的，而农村金融深化的直接影响就是可以使农村金融产生资源配置效应。在农村金融体系健康发展的情况下，农村金融可以自行配置农村金融市场中的资金，从而实现资源的最高利用率。具体流程为：农村金融体系首先通过一定的手段甄别并评估某个企业或某个投资项目，然后对其进行监督，以确保该项目确实可以带来经济效益，或者了解该企业的发展情况，最后将资金尽量分配给生产效率较高的企业或项目，以此提高农村金融体系资金投入的资本边际效率。在这一过程中，农村金融中介的主要作用是收集信息，并对收集到的信息进行分析，从而合理、有效地解决交易双方信息不对称的问题，为交易双方提供较为完美的解决方案。此外，这样做还可以进一步提高我国农村金融市场中的资金利用率，降低农村地区资金在流动过程中存在的风险。

在农村金融市场的发展过程中，一方面，我国农村金融体系引导着我国农村金融市场的发展方向，可以降低农村地区金融交易的成本和风险，为我国众多农村金融机构的发展提供途径，为农村地区信息的交流开拓渠道；另一方面，我国农村金融体系可以为投资者提供风险分担、资源共享的机会，不仅可以保证投资者自身财产的安全，也可以提高投资者们的投资积极性。

农村金融体系通过对农村地区资源、资金进行合理配置的方式，既可以促进经济生产效率较高的企业的发展，也能够降低这些企业运营过程中的风险，增加其投资的收益。随着农村金融市场的不断发展，虽然出现了诸多新的技术，但是这些技术往往具有两面性，既带来了丰厚的利润，又隐藏着新的风险。面对此类问题，只要我国农村金融体系坚持以合作为主的方针，为农村金融机构和农村金融市场积极地提供增加融资渠道和降低融资风险的帮助，就可以在很大程度上鼓励我国农村金融市场的技术创新，进而提高农村地区的资本边际生产效率。

总的来说，农村金融深化可以优化农村金融市场中的资源配置，使农村金融体系得以进一步完善，从而促进我国农村经济发展。

③农村金融深化对储蓄率的影响。

虽然农村金融深化可以使农村地区的金融市场更加发达、金融机构的数量增多、金融产品的种类更加丰富，从而提升农村地区的存款利率，但是这不代表只要进行农村金融深化就一定会提升农村地区的存款利率。结合实际来看，随着农村金融深化程度的加深，由于农村金融机构可以为农民提供更多的投资渠道，为了获得更多的利益，比起单纯的储蓄收入来说，农民更倾向于将闲置资金用于投资，从而导致了农村地区的存款利率有所下降。

## （三）基于内生增长理论的农村金融支持农村经济发展的作用机理

### 1. 经济增长理论的内生化与金融发展的作用

经济增长理论的内生化是指将经济增长看作是经济体内部因素的结果，而非外部因素的驱动。传统的经济增长理论通常将技术进步、人力资本积累、资本积累等外生因素视为推动经济增长的主要动力，而内生化理论强调经济体内部的创新、创业活动以及制度环境的改善等内部因素对经济增长的重要作用。

金融发展在经济增长中扮演着重要的角色。首先，金融发展为企业和个人提供了融资和投资的渠道，促进了资本的有效配置和创新活动的开展，从而推动经济增长。金融体系的完善和金融市场的健全性有助于提高资金的流动性和配置效率，为创新型企业和新兴产业的发展提供了支持。

其次，金融发展有助于提高资源配置的效率。金融机构通过风险评估和信息中介等功能，帮助实现资源从低效率部门向高效率部门的流动，优化资源配置结构，提高经济整体效率。金融发展还可以促进国际贸易和跨境投资，推动经济的开放和国际竞争力的提升。

此外，金融发展还能够提供金融服务和金融产品，满足经济体内部各类主体的需求，促进经济活动的开展。金融服务包括支付结算、风险管理、投资咨询等，为企业和个人提供了便捷的金融工具和服务，有利于提高经济体的生产效率和创新能力。

总的来说，经济增长理论的内生化强调内部因素对经济增长的作用，而金融发展作为内部因素之一，在提供融资支持、优化资源配置、提高经济效率和提供金融服务等方面发挥着重要作用。金融发展与经济增长相互促进，共同推动经济体的发展和繁荣。

## 2. 农村金融支持农村经济发展作用机理的路径分析

（1）农村金融发展通过资本积累促进农村经济增长

农村金融发展对农村经济增长起着重要的促进作用。以下是农村金融发展通过资本积累促进农村经济增长的几个方面。

①提供融资支持：农村金融发展提供了融资渠道和金融产品，使农村企业和农民能够获得资金支持，推动农村产业发展和经营活动。农村金融机构可以通过向农村企业和农民提供贷款、信用担保、融资租赁等金融服务，帮助他们扩大生产规模、提升生产技术和改善经营条件。

②优化资源配置：农村金融发展能够促进资源的有效配置。通过金融机构的信贷评估和风险管理，将资金引导到有潜力和回报的农村产业领域，推动农村资源从低效率部门向高效率部门的流动，提高资源配置的效率。

③促进创新与创业：农村金融发展为创新和创业提供支持。创新和创业需要资金支持和风险投资，农村金融机构可以通过提供创业贷款、风险投资和创新基金等方式，激励和支持农村创新型企业和农业科技创新，促进农村经济的发展和增长。

④提供金融服务：农村金融发展能够提供多样化的金融服务，满足农村居民和农民的金融需求。例如，农村金融机构可以提供储蓄、支付结算、保险、投资咨询等金融服务，为农村居民提供方便、安全和可靠的金融工具，提高农村居民的金融包容性和经济生活水平。

通过农村金融发展，农村经济能够获得更多的资金支持和金融服务，推动农村产业发展、资源优化配置、创新创业和提高农民的经济收入，从而促进农村经济的增长和提高农民的生活水平。

（2）农村金融发展通过技术进步促进农村经济增长

农村金融发展通过技术进步在农村经济增长中发挥重要作用。以下是农村金融发展通过技术进步促进农村经济增长的几个方面。

①提供数字金融服务：随着科技的发展，农村金融机构可以通过数字化和互联网技术提供更便捷、高效的金融服务。例如，通过手机银行、电子支付和在线贷款等数字金融工具，农民可以方便地进行支付结算、贷款申请和资金管理，促进农村经济的流动性和便利性。

②推动农业科技创新：农村金融发展可以支持农业科技创新，促进农村经济的技术进步。金融机构可以为农业科技企业提供风险投资和创新基金，支持农业科技研发和推广应用。通过资金和技术的结合，推动农业生产方式的改进和农产品质量的提升，提高农村经济的产出和竞争力。

③促进农村电商和农产品电商化：农村金融发展可以推动农村电商和农产品电商化，促进农村经济的数字化和在线化。通过金融机构的支持，农民可以参与电商平台，将农产品直接销售给消费者，提高销售渠道和销售额。同时，电商平台也提供了农产品溯源、品牌推广和市场信息等服务，促进农村经济的市场化增长。

④支持农业机械化和智能化：农村金融发展可以为农业机械化和智能化提供资金支持，推动农村经济的生产效率和产能提升。农民可以通过金融机构获得贷款购买农业机械设备，提高农田的耕作效率和作物的生产量。同时，金融机构也可以为农业智能化项目提供投资和贷款支持，推动农业生产的智能化和信息化。

通过技术进步，农村金融发展可以提供更先进的金融工具和服务，促进农村经济的数字化、智能化和市场化，提高农业生产效率和农民的收入水平，推动农村经济发展。

## 二、我国农村金融组织体系的构建与完善

### （一）农村金融组织体系完善的总体思路

#### 1. 农村金融网点的全面覆盖

农村金融机构是农村金融组织体系的主体，是最主要的农村金融供给者。当前，中共中央关于农村金融机构改革的基本依据是从质量和数量两个方面进行的。其中，质量是指农村金融机构要在改革中逐渐朝着多元化的方向发展，最终实现农村金融机构类型的多样化，并实现业务覆盖农村经济的各个方面；数量是指经过改革，农村金融机构的网点要能够覆盖所有农村，为我国农村经济的发展提供即时服务。

#### 2. 农村金融机构发展的可持续性

持续性发展是农村金融组织体系改革的一个基本要求，无法实现持续发展的农村金融组织体系是无法发挥其对经济增长的作用的。因此，我国农村金融组织体系改革的一个基本原则就是坚持可持续发展原则，即不断降低农村金融组织机构的不良贷款率，间接性地提高我国农村金融组织机构的运营效率和利润，进一步保障我国农村金融机构有充足的资金，为我国农村经济的持续发展提供基础保障。

#### 3. 重组和改革是发展的硬道理

不同时期的农村经济发展的特点是不同的，单一的农村金融组织体系是无法适应我国不同地区的农村经济发展需求的，因此农村金融组织

体系改革要坚持结合农村的实际经济发展状况的原则进行重组和改革。例如，当前我国农村金融组织体系改革的重点是明确产权与法人，即在改革的过程中建立明晰的产权制度，避免出现产权模糊的问题，同时完善企业法人治理结构，确保法人自身和相关金融机构的利益，保证农村金融机构实现积极性较高、运转合理、效率较高的商业运作。

### 4. 制度保障与政策支持是关键

与第二、第三产业相比，农业本身就具有一定的劣势，因此农村经济发展需要国家金融政策的支持。这就决定了农村金融组织体系改革要将重点放在制度保障与政策支持上。

### 5. 构建不同组织类型的协作体系

从以人民银行、农业银行等农村正规金融机构为主导到农村正规金融组织与农村非正规金融组织并存，我国农村金融组织体系的改革历程表明构建多元化的农村金融组织结构是改革的基础，这是由农村金融需求随着经济发展呈现出多样化、多层次的特点所决定的。农村正规金融组织固然在资本、金融业务等方面具有较大的优势，但是农村非正规金融组织能够满足一些农村正规金融组织无法满足的需求。因此，农村金融组织体系改革要在我国农村金融市场中，创造一种可以使农村地区的正规金融组织与非正规金融组织有机结合的环境，促进二者合作进行商业金融活动。在环境创建的过程中，政府需要调整相关的条例和规定，具体的内容如下：第一，政府可以鼓励并引导大型农村金融机构为农村地区的龙头企业提供一定的资金和相关的金融服务，以此保障龙头企业的发展；第二，政府可以为小型农村金融机构提供更多的批量贷款，使小型农村金融机构可以为更多的农民或农村小型企业提供金融服务；第三，政府可以加强农村地区小额贷款公司和小型村镇银行之间的联系，为二者提供更多的政策支持和制度保障，并使二者逐渐发展成为农民与大型国有商业银行之间的纽带，以此促进大型国有商业银行与农民之间的联系；第四，政府需要降低我国农村信贷公司市场的准入条件，使更多的正规信贷公司可以进入农村金融市场中，并在一定程度上给予这些小型信贷公司充足的发展空间，使其可以为农村金融的发展提供一定的帮助。

综上所述，我们可以确定我国农村金融组织体系改革的总体目标是：以农村正规金融组织为主体，以农村非正规金融组织为辅助，以为农村经济发展提供制度保障和金融支持为重心，构建覆盖所有农村及农村经济各个方面的农村金融组织体系。

## （二）农村商业性金融组织的改革措施

### 1. 农业银行的改革措施

农业银行是我国发展农村经济、支持农村农业建设的主要力量，其改革可以从以下几个方面展开。

第一，农业银行应该以支持农业发展为主要的经营目标，科学合理地确立自身的战略定位，在农村金融组织体系改革的过程中起到良好的带头作用，大胆地将部分组织决策权移交或下放，并尝试构建新的金融组织结构，为更多乡镇地区的支行或者分支机构提供更多的自主空间。同时，农业银行的支行或分支机构也应该根据各地区的实际需要设立目标，为农村地区的居民或者小型企业提供更多的资金支持和金融服务。

第二，随着时代的发展，不仅我国农民的金融需求在不断增加，而且农民对于金融服务的要求也在不断提高。因此，农业银行应该根据时代和实际情况的需要，积极地开发并创新金融产品，提供更多适合当代农民的金融产品，为农民和小型企业提供更多符合要求的金融服务。需要注意的是，农业银行在创新金融产品时，应该针对农村当前金融需求的空白来进行，这样既能够保证金融业务的竞争性，也能够弥补农村金融业务的不足。

第三，成立相关的企业担保机构，这种机构是作为中介形式存在的。前文提及我国农村地区很多农民和小型企业在贷款过程中因为没有担保物而被农村正规金融机构"拒之门外"。基于此，农业银行可以建立相关的信用档案，为具备一定信用的企业和农民降低贷款发放门槛，同时，农业银行也可以成立相关的担保机制，为具备一定信用的企业和农民做担保。以上措施可以解决很多农村小型企业或农民在发展过程中出现的资金问题，防止其因为资金不足而遇到发展瓶颈。

第四，近年来，农业保险业受到越来越多的重视，积极地探索农村贷款与保险业务已成为农村金融组织体系改革的一个着眼点。具体而言，农业银行可以从以下两个方面着手：一方面农业银行应该探索农业贷款的多样性，为农民提供不同的信贷；另一方面为了确保农业生产的安全性，农业银行应该涉足农业保险领域，在降低农业生产风险的同时，提高了农业贷款的安全性，避免贷款人因生产风险而无法偿还贷款的情况发生。

### 2. 邮政储蓄银行的改革措施

邮政储蓄银行的改革措施可以从以下几方面展开。

第一，邮政储蓄银行应该加强自身的商业化运作，保证自身在运营过程中能够为企业带来实质性的帮助，并努力寻找为我国农村金融发展服务的新形式。

第二，在商业化运作的过程中，邮政储蓄银行应该积极开展小额质押贷款业务。实践表明这一业务的开展确实有很多优点，所以邮政储蓄银行应该重点开展此项业务。

### (三) 我国农村政策性金融组织的改革

农业发展银行在进行改革时，还应该从以下几个方面展开。

第一，农业发展银行应该将工作内容细化，妥善地处理好每一项基础工作。目前，农业发展银行的基本业务是粮、棉、油购销贷款，每年农业发展银行用于支持粮、棉、油购销贷款的资金占据当年贷款金额的一半以上。对此，农业发展银行一方面要继续加强粮、棉、油购销贷款工作，另一方面也要积极拓展新的业务，如发展农业产业化经营贷款业务、农业科技研发贷款业务、农村基础设施贷款业务等。

第二，农业发展银行应该建立完善的现代企业管理制度。农业发展银行要按照产权清晰、权责明确的要求，对自身的企业结构进行管理，同时完善工作的细节，只有这样才能为预防我国农村地区金融发展风险提供助力，实现农村地区经济效益的提高和农民收入的增加。在这一过程中，农业发展银行应该具体做好以下两方面的工作：第一，进一步完善相关的管理机构及管理部门，设立董事会、董事、监事、监事会等，并要求这些管理部门切实地发挥自身的实际作用；第二，要有效地改良自身内部的制衡机制、激励机制，在激励员工更加努力地工作的同时，为提高整个机构的运行效率打下良好的基础。

第三，农业发展银行应该加强对运行资金的监管，进一步完善资金的运营机制与监管机制。近年来，农业发展银行存在的一个重要问题就是资金运营效率较低。这虽然是由其政策性金融机构的性质所导致的，但是其本身的创新能力不足也是不容忽视的一个重要原因。因此，农业发展银行不仅要积极地拓宽自身的融资渠道，摆脱对中国银行再贷款依赖性过高的现状，还要对现有资金进行更加合理的应用，根据农村经济发展需求创新业务。

第四，在改革的过程中，农业发展银行应该将部分精力用于建立风险防范和控制机制，农业发展银行在运行的过程中需要对自身潜在的隐患和未知的风险进行防御和控制，做到未雨绸缪。这是一项复杂的转换工作，需要农业发展银行在完善自身体制的同时，对相关的部门进行适当的约束，实现内部部门之间的相互制约、相互协作。在这种风险防范和控制机制中，上级对于下级应该有绝对的控制权，以巩固、稳定系统内的秩序。

第五，农业发展银行应该完善自身的信贷管理制度，实行信贷管理责任制和审贷分离制度。农业发展银行将两项工作分开进行，有利于形成一个切实有效的风险防范控制机制，可以有效避免因为某些原因导致的工作分工不明确、责任无法落实等问题，避免引起风险和潜在隐患。

（四）我国农村合作性金融组织的改革

农村信用社的改革需要从以下两个方面展开。

1. 国家政策扶持

农村信用社在不断演变和发展的过程中并没有解决其历史性的遗留

问题，因此其自身的机制和系统都是比较特殊的。对此，为了减轻农村信用社在发展过程中的历史包袱，保证试点工作的顺利进行，政府应该在一定程度上给予农村信用社扶持补贴和优惠政策，也可以减免其税收，并针对农村信用社的经营性质及服务性质，为其政策性业务制定激励机制，进而促进我国农村金融和经济的发展。同时，地方政府应该放宽农村金融市场的准入条件，将这些税收优惠政策和扶持政策提供给更多的金融机构，为金融市场营造出公平竞争的环境。此外，地方政府及相关金融机构也应该注意避免过度干预农村信用社的发展。

### 2. 产权制度优化

对于农村信用社而言，改革需要首先解决的就是农村信用社的产权问题。特殊的发展经历导致农村信用社的产权制度较为混乱，这一方面与农村信用社本身采用的是投资主体多元化、股权结构多元化的产权方式有关；另一方面与多年的"官办"体制导致农村信用社对自身性质认识不清有关。明晰产权关系是农村信用社改革成功的关键。在改革的过程中，农村信用社不仅要明确自身合作性金融组织的特性，还要对自身的股份构成进行查证，以确定每一位参股方的股份，简而言之，农村信用社改革的关键在于股份制改革。

纵观我国农村信用社的改革历史可以发现，以往农村信用社的管理权限一直在其他金融机构或者政府的手中，农村信用社缺少更多的自主空间。基于此，为了保证农村信用社体制改革的顺利进行，政府应该加大对相关部门的监管力度，防止其对农村信用社进行过度干预，同时要严格监督农村信用社的经营活动，以此维持农村信用社在发展过程中的秩序。此外，政府还应该制定相关的法律法规来保障农村信用社自主产权的完整及相关经营权限的有效性，从而保证农村信用社可以有一个良好的发展环境。

### （五）我国农村非正规金融组织的改革

从最初的改革到现在，我国农村非正规金融的高利率、不正规等缺陷饱受指责，但农村非正规金融组织对于农村经济发展和农村金融组织体系完善的重要性不言而喻，其非正规性恰恰弥补了农村正规金融组织的短板，即解决了农村正规金融组织无法满足农村小额、短期的金融需求的问题，因此，对于农村非正规金融组织而言，政府应当通过规范其经营行为来克服其缺陷。下面对我国农村非正规金融组织的症结及病理进行分析，并提出相应的改进意见。

研究表明，我国农民从非正规金融机构中获得的贷款数额是从正规金融机构获得的贷款数额的 4 倍之多，但我国农村非正规金融组织还存在诸多问题有待解决。

从技术角度讲，如果政府所获取的信息与市场中现存的信息出现了不对称的情况，政府在进行宏观调控时，就很难获得成效。对于我国农村非正规金融机构而言，大多缺少法律的约束和保护，这使得在其发展的过程中，相关监管部门很难发现问题，进而导致不法行为时常发生。

由于农村非正规金融组织几乎覆盖了我国所有的农村地区，再加上其规模较小、以独立经营为主，如果政府对其实施全方位的监管，消耗的监管成本就会过高，这导致金融监管部门不可能对农村民间金融组织进行全方位的监管。

此外，由于我国农村非正规金融组织经营规模较小，且经营活动范围较窄，其无法扩展业务及服务范围，并且容易受到变幻无常的农村金融市场的影响，致使其对于风险的抵抗能力普遍较弱。

农村非正规金融改革的关键在于规范运营行为及保障借贷双方的合法权益。基于此，农村非正规金融组织改革的主要内容应该包括以下方面。

## 1. 加速农村非正规金融组织正规化进程

农村非正规金融组织之所以运营管理不规范，很大原因在于政府对非正规金融组织态度的"暧昧"，一方面政府并不否定非正规金融存在的合理性，另一方面因之前农村非正规金融组织造成的负面影响，政府对于非正规金融组织始终存在一种高度的警惕。这种矛盾的态度导致目前我国并没有关于农村非正规金融市场准入和退出机制的相关政策规定，对农村非正规金融组织的管理也处于探索状态。因此，如何将农村非正规金融组织正规化，促使其走上正确的发展道路，成为农村非正规金融组织改革的重点之一。

### 2. 合理的市场定位

不规范的经营管理导致非正规金融借贷双方的合法权益无法得到保障，采取何种做法来保障借贷双方的权益是农村非正规金融组织改革的重要内容。对此，一方面，政府要承认农村非正规金融组织的合法性，鼓励农村非正规金融组织主动融入农村金融组织体系中，以便于政府更好地对其进行监管；另一方面，对于农村非正规金融组织利率较高的问题，政府要出台相应的法律法规来规定其利率的上限和下限，从而保障借贷双方的权益。

## 三、发展农村金融的对策建议

### (一) 进一步扩大农村金融发展规模

要想我国农村金融能更加稳定的发展，政府需要在我国金融发展相对落后的领域构建合理的金融组织体系。也就是说，建立层次分明、运作效率高、金融服务多元化的农村金融体系，是建设我国社会主义新农村的重要途径，是解决我国"三农"问题的最佳方法，也是我国新时期对农村金融进行改革的重要步骤。

### 1. 健全多层次农村金融组织体系

(1) 加快农村信用社的改革与发展

农村信用社在成立之初是农村劳动人民根据自愿互利原则组织起来的资金互助组织。在加快农村信用社改革与发展的过程中，政府已经恢复了我国农村信用社的合作性质，以此指明农村信用社的发展方向及其改革的主要方向。接下来，政府还需要提高各类人群对农村信用社的认识，使其认识到农村信用社是普遍存在于农村中，且与农民关系最为密切的金融组织，以此鼓励人们积极接受农村信用社提供的金融服务。而农村信用社在经营的过程中，也需要认真地衡量各方的利益，在考虑到互助性及便捷性的基础上，通过政府提出的相关金融扶持政策，来提高自身的服务水平和质量，并在提升提供服务质量的过程中发挥自身优势，加快自身体制的完善。

我国进行农村金融改革的主要目的是把农村信用社办成产权清晰、管理科学、约束机制强、财务上可持续发展、坚持商业化原则、主要为农业提供服务的金融机构。此次改革的重点：首先，要从解决农村信用社自身目标冲突问题开始，将为农业服务作为其立足的根本，并树立为农民服务的科学理念；其次，要规范农村信用社的产权制度和组织机构，农村信用社要按照股权结构多元化、投资主体多元化原则进行经营；再次，根据地区情况的不同，将产权形式合理地转换，将产权明晰、法人治理结构完善落实到农村信用社内部的管理责任制度上；最后，要规范农村信用社内部的管理制度，强化其约束机制，增加其业务的数量和品种，从而提高农村信用社对农村地区的服务质量和服务水平。总而言之，政府要将农村信用社为农民和农业提供服务的这一目标落到实处。

（2）准确定位农业发展银行的服务功能

在农村金融体系中，政策性金融机构是非常重要的，其不仅可以促进农村地区的金融发展，还可以在一定程度上弥补市场失灵的弊端。农业发展银行作为为我国农业提供服务的政策性金融机构，需要在农村金融发展的过程中起到引领的作用，为农村金融改革与发展提供一定的方向与指导。

从服务功能来看，农业发展银行的服务功能是以政策性的金融业务为主，全面调整自身的金融业务，将建立长期开发资金渠道、引导农业生产、调整农业产业结构三项内容设为主要的工作任务，同时在各个方面为"三农"问题提供全方位的服务。只有在我国农村金融改革与发展的过程中明确了农业发展银行的定位及其服务功能，才能切实地维护农民在经营中的利益，并将政府的各种扶持政策和优惠政策落到实处。

综上所述，政府应该调整农业发展银行的职能定位，加大政策性信贷支农力度，从而有效地扩大农村金融供给，深化农村金融改革。具体而言，政府要想发展农业发展银行，应该从我国基本国情出发，在借鉴国外政策性金融运作经验的基础上，充分发挥其在粮食流通领域和农村金融领域的支持作用，将其从单纯的粮、棉、油收购银行转变为服务于农业开发、农村基础建设、农村生态环境建设、农业产业升级、农产品进出口的综合性政策银行，从而强化其在农业生产中的作用，促进农业产业化发展。

（3）加强农业银行的业务整合

农业银行在向商业股份制银行转型的过程中，其工作重心和工作方向渐渐远离了"三农"工作。然而，农业银行作为国有商业银行中专门为农业服务的银行，是与农业、农民最为紧密的存在，理应为我国"三农"工作提供大量的资金和服务。因此，在建设新农村时期，只有保证农业银行的金融业务完整且具体到位，我国的农村金融问题才能得到更好的解决。具体而言，政府应该通过业务整合来加大对我国解决"三农"问题的支持力度，还需要保障农业银行在农村金融体系发展中的引领地位，以此将农业银行自身的优势和引导效果发挥到最大。

因为在改革的过程中农村信用社所具有的经济实力不足以支持我国农村地区居民和乡镇企业的金融需求，所以农村非正规金融机构获得了一定的发展空间和发展机遇。但是，由于农村非正规金融机构存在严重的经营问题和极大的风险，有可能对我国农村金融造成重大风险。为此，我国政府应该加大对农村非正规金融机构的管制，在给予其足够发展空间的情况下，使其经营的范围和内容更加合理、合法，以此保障我国农村金融的健康发展，降低农村非正规金融机构进行贷款服务时的交易成本，降低交易过程中农村非正规金融机构和农民所面临的风险。同时，这些举措也可以在一定程度上预防地方性的金融危机和金融动荡，进一步完善我国农村金融组织体系，建立完善的农业保障制度，使农村金融市场向着多元化的方向发展，增强农村金融市场的竞争力。

（4）建设并完善农村金融法律保障体系

完善我国农村地区的法制制度是促进农业经济发展的重要保障，具体可以从以下几个方面着手：第一，政府需要完善保护农业产业的法律，借助法律的约束力，提高农业在国民经济中的地位，使农业得到中央政府与地方政府更多的支持；第二，政府可以制定农业投资法，使农业从国家获得的资金支持更具法律效力，并通过立法规定中央、地方的经济组织以及农民对农业的投资责任；第三，政府可以推动诚信的法治建设，以此保证农村金融机构的资金安全；第四，政府应该完善以金融机构为核心的相关法律和行政法规，以此增强执法环境的稳定性，为农村金融及农村资金的流动扫除制度性障碍。

（5）建立并完善我国金融保险保障体系

我国农业保障制度可以在我国农业对外开放及各种自然灾害发生时，为我国农村地区的经济发展及社会稳定提供一系列的保障。但是，我国现有的农业保障制度不足以全面预防和应对金融风险和自然灾害，要想实现全面的保障，政府需要完善我国农村金融保险保障体系。具体而言，我国农村金融机构需要对新的金融业务进行风险分析，同时政府需要建立健全农业保障制度，以此增强农民的风险抵御能力，使农业保障制度向着农村政策性保险的方向发展，使我国各种保险机构能够独立承担各种农业保险的业务，最终共同促进我国农村经济和金融的发展。

## 2. 大力完善农村金融市场体系

要想完善农村金融市场体系，需要从拓宽农村融资渠道、改善我国农村现有的金融信贷投放模式、丰富农村金融产品、提高农村金融服务水平等方面入手。这里仅分析拓宽农村融资渠道、改进我国农村现有的金融信贷投放模式两种方式。

（1）拓宽农村融资渠道

融资渠道可以分为间接融资渠道和直接融资渠道两类。其中，间接融资是当前我国金融市场中的主要融资方式，也是现阶段我国经济发展中企业、组织及自然人的主要融资方式。间接融资在一定程度上可以促进我国经济的发展。基于此，为了完善我国农村金融市场体系，在新时期农村金融改革的过程中，政府应该进一步降低对农村间接融资的管制，拓宽农村间接融资渠道，充分利用现有的农村金融市场中的资本，结合农村间接融资和直接融资的方式，为农村地区的企业提供一系列便捷的金融服务，以此培养出一批优秀的农业产业，促进我国农业的发展。

（2）改进农村金融信贷投放模式

我国农村的金融需求是多种多样的，因此政府应该提高各类农村金融机构的服务水平，丰富各类农村金融机构的产品种类，以此充分发挥农村金融机构的功能，增强我国农村金融机构对农村金融市场发展的促进作用。具体的实施策略包括以下三个。

第一，农村金融机构应该加快网络建设的步伐，使各种电子商业服务更加迅速快捷，以此简化农民享受金融业务的手续和环节。

第二，农村金融机构应该加快农村地区的银行卡、网上银行、债券、股票、基金等业务的创立，以此将现代金融产品引入农村金融市场中，使各种便捷的费用缴纳及理财产品都能够切实地落到每一个农民身上。

第三，农村金融机构应该仔细地分析农民的金融需求，并根据实际情况为农民制定合理的金融服务，并在适时的阶段推出期货融资产品，以此完善、丰富农村金融的服务种类。

### 3. 构建高效的农村金融监管体系

在当前农村金融体系改革的过程中，我国政府放松了对农村金融市场的金融管制，并且进一步降低了农村金融市场的准入门槛，对相关的金融运作方式也做出了一系列的规范。接下来，政府应该采用各种扶持政策及新的金融政策，作为提高我国农村金融和经济发展效率的支撑，以此加快构建农村金融监管体系的步伐，进一步保障农村金融体系的稳定运行，促进农村经济的科学发展。

（1）健全农村金融监管法治体系

要想实现以法律作为农村金融监管的保障，加大对农村金融的监管力度，我国政府需要在改革农村金融体系的同时，合理地修正、完善金融监管的法律法规，并规范农村金融市场的法律维护程序及法律执行秩序；必须将政策金融法和合作金融法的立法设为首要工作，尽快制定有关农村非正规金融的法律法规，以此维护农村金融市场的合理运行，并通过这些法规规范和指导农村金融市场和制度，引领农村金融体系向着科学的方向发展。

我国政府所进行的财政投资是一种经济活动。这种经济活动可以帮助政府实现特定领域内的社会经济职能，同时对资金进行合理的利用和配置，可以反映出政府作为分配主体，按照信用原则和社会需求对现有金融产品进行的分配方式。从本质上来看，财政投资可以归为国家分配的范畴。然而，在此之前我国政府对于相关资金的支出并没有建立一个完整的监管体系，造成了大量资源被浪费。因此，政府应该建立一个合理的资金使用监管制度，以此来控制农村金融机构的资金投入，提高资金的利用率，完善我国的财政投资体系，进一步促进农村地区金融和经济的发展。

（2）树立全新的农村金融监管思想

因为我国农村金融发展的过程中经常出现一些特殊情况，农村金融监管体系需要根据实际情况适时转变，所以政府应该树立全新的农村金融监管思想。具体而言，全新的农村金融监管思想应该包括：第一，在合理的任务过程中，防范未知风险，加快监管思想的转变；第二，由全面控制的封闭型的垄断思想向全面开放的透明的思想转变，但应注意不能透露国家机密和商业机密，在信息公布之前必须获得国家机关和有关金融部门的认可；第三，将重点监管思想转化为全面监管思想，即无论是大事小事都应保持同一态度对待；第四，由随机监管思想转向制度监管思想，也就是说，金融监管体系不能对监管内容放松，要全面掌控金融市场的发展，以此达到最佳的监管效果。

除了上述建议之外，政府可以采取相关的宣传手段，来增强农村金融机构的自我控制意识和行业自律意识；还可以通过媒体及社会相关人士的监督进一步强化对农村金融市场中金融机构的监管力度。

（二）提高农村金融服务"三农"的效率

### 1. 加大农村金融发展的政策扶持力度

即使是我国金融信用贷款的利率处于最低水平，也仍有很多农民不能承受，因此政府需要强制性降低金融信用贷款的利率，并考虑到农业投入的性质和金融资本的安全性、流动性、收益性等特性，采用合理的政策手段来改变现有的制度，以增强农村金融市场的稳固性，改进农村金融体系中存在的不足。总体而言，借鉴国际上其他国家发展农村金融的经验可知，政府加大政策扶持力度的手段可以是制定强制的指令，要求部分农村金融机构开办优惠的农村储蓄业务，且这部分农村金融机构必须按照固定的利率为农民或乡镇企业提供信用贷款。具体而言，政府可以从以下三个方面着手，加大扶持力度。

（1）地方政府拥有一定的金融调控权

在农村金融发展的过程中，中央政府应该给予地方政府一定的金融调控权，该调控权不仅能够保证在经济发生动荡时，政府能够制定出合理的政策来解决现有问题，还能够防止政府的短期干扰对农村金融市场造成的干扰过度的问题。总的来说，地方政府需要有一定的权限在一定的范围内对农村金融市场进行调控，以此保证农村金融市场的健康发展，同时为我国"三农"服务提供更多的便捷途径，维持农村金融和经济的稳定发展。

此外，地方政府可以利用财政政策对农村金融进行补偿，将扶持农业经济发展的补贴切实发放到农民手中，同时还要通过对农村金融的政策扶持和补贴来实现对农村金融的保护，发挥财政在农村金融市场中的杠杆作用，增强农民对未知风险的抵抗能力及自身的信用意识，为农村金融市场创造更好的信用环境，以此引导农村金融市场向着正确的方向发展。

（2）建立农村金融补偿机制

在农村金融改革的过程中，由于我国经济体制的问题，很多资金都被投向城市，使得农村的经济发展较为落后，支持农业产业化发展的资金越来越少。对此，我国政府需要制定一系列有效的政策，引导更多资金流回农村，用于农村金融市场的发展及农村经济的发展；同时，政府还应该采取合理的政策来调整农村地区的贷款额度，调节贷款利率，切实落实我国的补贴政策，促进农村地区的金融发展。

（3）执行更为灵活的货币政策，引导资金回流农村

通过一定的政策手段，可以保障我国农村资金应用到农村的经济发展中，保障农村储备资金的回流。基于此，政府可以采取各种金融工具对农村资金进行掌控和调节。考虑到调节的周期问题，政府可以制定一些金融优惠或者补贴政策，以期在调节的同时，缓解农村金融资金紧张的问题。

## 2.　进一步优化农村金融发展环境

任何事物的发展都会受到其所在环境的影响，要想使我国农村金融发展更加稳定，政府需要在树立良好的农民信用意识的同时，建设社会信用环境，通过社会信用环境的影响，使农村金融机构可以放心地对农民或者小型乡镇企业进行贷款投放，同时也保证了农村金融机构及农民的资产安全，使我国农村金融市场可以更加稳定地发展。在建立社会信用环境的过程中，政府需要根据现实需要对各类情况进行严格把控，将工作落到实处，从而构建良好的信用体系和以信用担保为核心的信用环境。

总的来说，在农村金融改革的新时期，政府应该将关于信用建设的工作重心放在以下几个方面。

（1）加快我国总体信用体系的建设

要想加快我国总体信用体系的建设，政府应该从建设信用信息库、信息披露和失信惩戒等多方面入手，努力完善农村信用体系。具体而言，政府可以从以下几个方面入手：第一，政府应该建立我国企业和个人的信用档案，并通过相关部门对资料进行审核，对企业和个人进行信用评估，并定期将评估结果向社会公布，接受社会各方面、各层次的监督，以此来增强社会整体的诚信意识；第二，政府需要主导建立信用信息库，以及相应的农村金融机构间的信息共享和协调平台，降低银行诚信成本；第三，政府应该根据农民或企业所评定的信用等级发放贷款，以此来促进农村的信用环境和谐发展。

（2）建立健全省—市—乡—街道四级信用担保体系

政府应该建立健全省—市—乡—街道四级信用担保体系，促进小型

企业贷款担保体系及担保机构的形成，支持一些担保机构对小型企业发放贷款，同时引导并建立一些具有互助性质的担保公司，以此积极推行企业间互相担保的制度，解决小型企业贷款中因缺乏担保而导致的贷款难的问题。这样做不仅可以加强对借款人的约束，同时还可以保证提供贷款的农村金融机构的资金安全。

（3）加强金融安全区的创建

在监督的过程中，政府应该将企业和个人的信用与其形象相结合，将人品、道德及法律等内容全部融入透明的监督体系，并引导群众和社会各个层面成为监督者，形成一种具有强制力的约束，从而使贷款对象养成自觉还款的意识，降低交易过程中的成本损耗。

（4）严厉打击逃避金融债务的行为

对于逃避金融债务的行为，政府应该严格处理，追究到底，通过相关的条例和法律规定来保障企业或个人在金融市场交易中的资产安全。同时，政府还应该适当加大对诚信缺失、逃避债务等行为的处罚力度，提高即使提高处理成本也要处理好债务逃避问题的意识，为我国农村金融发展创造一个良好的信用环境。

## （三）努力提高农村投资效率

### 1. 增加农业生产投资补贴

随着"三农"问题的不断升级，我国各级政府对农业生产的补贴逐渐增加。这样做一方面稳定了农村地区的经济金融发展，另一方面加快了我国农业生产的脚步。就目前国内的农村经济发展情况来看，我国的农业补贴政策还有很大的提升空间，政府应该进一步对现有的农村环境进行优化，扩大农村经济需求，调整农村经济结构，转变农业发展方式。

### 2. 根据地域特点提高基础设施投资效率

研究表明，我国东部农村地区大多已经实现了现代农业的标准化，提高了农业生产技术的水平，完善了农村的公共服务体系，加大了农村村容村貌的整治力度；对于相对落后的我国中东及西部地区而言，在进行农村基础设施投资时，政府应以当地农村实际的投资战略为基础，根据地域特点提高基础设施投资效率。

对于我国中部地区而言，政府应该根据该地区的特殊情况，提高水利工程的建设效率，同时，提高综合农业的生产能力，以此来提高当地人民的生产水平和生活水平。

对于我国西部地区而言，当地气候独特，因此政府应该将改革的初期重心放在提升当地人民的生活水平上，进而在保障人民温饱的情况下，发展当地的特色农业，提高农业生产水平，以此实现使该地区快速脱贫的目的。同时，政府还要加强对西部地区生态文明及文化方面的建设，积极将各种新技术及惠民政策引入西部地区，提高当地政府对各项政策的实施效率，进而提高当地人民的生活水平。

3. 提高农村劳动力素质

从经济发展的规律来看，要想使农村经济和金融得到快速发展，政府需要增强当地的经济建设，引入更多的先进生产技术。这就涉及了当地农村劳动力的素质问题，只有切实地提高当地农村劳动力的素质，才能进一步发挥生产技术的优势，从而进一步缩小城乡之间的差距。

4. 提高农村科研投资效率

我国作为世界上首屈一指的农业大国，在发展农业的过程中主要有三个手段：一是政策；二是科技；三是投入。其中，通过科技手段解决相关的问题是非常可行的，政府应该加大对农村急需的农业技术的研究力度，同时制定高效的协调沟通政策，实现科研活动效益的最大化。

总的来说，政府应该合理调控对农村地区的科研投资力度，不能将绝大部分的资源都放在对粮食等作物的研究上，而应将相关的生产技术及经济转变技术作为研究的重点，以此创造出新的农村经济发展机制，进一步提高农业生产的经济收益。此外，政府还应该根据农村的实际需求进行合理的资金投入，只有根据当地实际情况进行技术研究，才能切实解决当地发展所面临的各种问题，进而通过科研技术，进一步提高当地人民的生活水平。

(四) 加快农村金融产品创新步伐

1. 信用共同体贷款

这种贷款方式具体流程为：农村金融机构对信用共同体成员进行考

察后，在全部成员对该笔贷款进行担保的前提下，将贷款发放给贷款人，如果贷款没有及时归还或者出现讨债情况时，就需要所有的成员承担责任。这种贷款方式的好处是利用团体中成员之间的相互信任与每名成员的责任意识，合理地降低了个人借贷所产生的违约风险。这样一来，农村金融机构既可以提供更大金额的贷款满足农民的需求，也可以保证较高的还贷率，从而保证农村金融机构的利益不受损失。

2. 收费权质押贷款

这种贷款方式的关键在于质押，是指贷款人自身具有一定的收费权限，并以该收费权限作为抵押物向农村金融机构申请贷款。当贷款人不能履行债务时，农村金融机构有权依据合同的约定，以转让该收费权所得价款或直接获取收费款项保证自身利益不受损。

3. 股权质押贷款

这种贷款方式与收费权质押贷款方式类似，都是贷款人向农村金融机构抵押自身一定权利来获得贷款。不同的是，这种贷款方式是以借款人持有的公司股份或者责任公司股份为担保，向农村金融机构进行贷款申请。

4. 土地承包经营权抵押贷款

这种贷款方式主要是指贷款人具有土地承包经营权或依法获得了该土地的承包经营权，并以土地的经营权作为抵押向农村金融机构申请贷款。但是，就我国农村现状而言，由于有些地区的土地承包经营权仍未改革，这种贷款方式仍存在很多问题，不过，在土地承包经营权的改革遍及全国后，这种贷款方式可能会发挥巨大的作用。

5. 出口退税质押贷款

这种贷款方式主要是指出口企业以其享受的符合国家政策规定的出口退税应收款作为质押，向农村金融机构申请贷款，以解决企业在资金短缺或者前期经营困难的情况下所面临的贷款问题。

## 第六节 充分发挥乡镇政府的职能作用

当前，农村经济出现有效需求不足，农村市场疲软，农民收入增长缓慢，农业结构不合理等问题。这揭示了农业结构调整是势在必行的。只有调整农业和农村经济结构，才能提高农业整体效益和增加农民收入，才能推动农业现代化和农业可持续发展。农业和农村经济结构的战略性调整，成了基层乡镇政府新阶段内农业和农村工作的中心任务。

## 一、制定好农村经济结构调整的发展规划

对农业和农村经济进行战略性调整，是全面分析农业和农村形势做出的重大决策。农村经济结构调整，不仅要解决当前农产品"卖难"和农民增收困难的问题，而且要立足于农业和农村经济的长远发展；不仅要考虑农业和农村自身的发展，而且要考虑国民经济的全局，是一种具有全局意义的战略性调整。为顺利落实中央的战略部署，乡镇政府必须深刻领会中央精神，更新观念，统筹兼顾，科学决策，做好规划。规划主要包括结构调整计划、方针和政策，资源开发、技术改进和智力开发等方面，重点建设项目特别是以水利为重点的农业基础设施建设。制定规划要按照适应市场、因地制宜、突出特色、发挥优势的原则，同时考虑农民的承受能力，把中央精神和当地实际结合起来，就乡镇的实际情况做好规划。农业生产结构必须根据市场需求变化，全面优化农作物品种，减少不适销品种，扩大优质农产品生产，努力提高农产品质量。就优化农业生产布局而言，要因地制宜，发挥区域优势，发展特色农业。在调整中既要巩固农业基础地位，切实保护和稳步提高粮食的综合生产能力，又要全面发展第一二三产业，优化农业的产业结构。这一切都需要乡镇政府着眼全局，着眼长远，着眼发展，科学规划，组织实施，指导结构调整向深度和广度推进。

## 二、以市场为中心，加强宣传引导

乡镇政府要懂得用市场的方法来调整农业和农村经济结构，要彻底改变一切由政府包揽计划和下达行政命令来进行调整的习惯做法，要充分尊重农民群众的生产经营自主权。农民是市场经济的主体，又是农业和农村经济结构调整中的主体。农民这个主体在农村经济结构调整中既

是实施者，也是市场风险承担者，应当掌握调什么、怎么调的最终决定权，自己做主。政府职能部门和干部在结构调整中责任重大。其中，重要的一项责任就是要做好政策宣传引导工作，让广大农民自觉参与到经济结构调整中来，从党的各项政策和工作中得到实惠，使广大农民能充分发挥优势，发展特色农业，加快农业和农村经济结构的调整。这既是农村改革的一条重要经验，又是农村工作中一项不可违反的原则。乡镇政府要不断加强和改善对农业和农村工作的领导，坚定不移地贯彻党在农村的基本政策，同时要制定支持和推动结构调整的政策措施，充分发挥政策的威力，组织、引导农民进行结构调整。当前，乡镇政府应加强做好以下几方面的政策引导。

## （一）保护粮食生产能力

粮食是农业的基础，也是结构调整的基础。乡镇政府在农村经济结构调整中一定要切实保护和稳步提高粮食的综合生产能力。认真实行基本农田保护制度；贯彻执行中央关于粮食流通体制改革的各项政策，切实保护好农民种粮的积极性；实行粮食收购优质优价政策，进一步拉开品种、质量差价，促进粮食品种结构调整。

## （二）推动农产品加工业的发展

发展农产品加工业，不仅可以有效地提高农业综合效益，而且可以促进农业结构调整。乡镇政府应当搞好规划，制定政策，促进农产品加工业的发展。一是按照国家产业政策引导农产品加工企业形成合理的区域布局和规模结构，在多层次加工转化中着重发展精深加工，努力开发新产品，积极发展优质名牌产品。二是调整各项农业建设资金的投资方向和建设重点，加大扶持优质、高产、高效农产品加工和转化的力度。三是实行优惠的税收政策，降低农产品加工企业的税率，提高农产品加工企业的农产品进项抵扣率，并对进口农产品加工设备和引进先进技术的企业，在关税上给予优惠。四是重点扶持有优势、有特色、有前景的农产品加工企业，在基础建设、原料采购、设备引进和产品出口等方面给予具体的帮助和支持，从而使其能够运用现代科技扩大经营规模，以推动农业和农村经济结构的战略性调整。

### （三）加强农产品市场的建设

要按市场需求进行农村经济结构调整，就必须加强农产品市场的建设，充分发挥市场对农村经济结构调整的带动作用。首先，加快发展产地批发市场是农民接收市场信息和出售大宗农产品最便捷的渠道。要在合理规划的基础上，增加投入，重点扶持，加快建设，完善设施，规范发展。其次，坚持和完善多渠道流通形式。要坚持国有、集体、个体一起上的方针，在发挥国有商业的主渠道作用的同时，注意发挥农民购销队伍等渠道的重要作用，积极扶持各类农产品流通的中介组织，发挥它们搞活农产品流通、推动农业结构调整的作用。再次，本着"谁投资谁受益"的原则，发动和鼓励各种社会力量参与市场建设，用优惠政策鼓励和宽松的环境条件吸引更多的市场经营者。最后，要健全市场法规，维护市场秩序，反对封锁和垄断，使参与农副产品交易的各方有章可循，有法可依，有利可得，公平竞争，尽快形成统一、竞争、有序的农产品市场体系，从而保证农副产品能够有序、合理地流通。

### （四）促进农业科技进步

科学技术在农业增产、农民增收中起着重要的基础作用。因此，必须加强农业科研和推广，将农业发展真正转移到依靠科技进步和提高劳动者素质上来。当前，应主要实行以下倾斜政策。第一，支持农业科技工作以市场为导向，以提高农业效益、改善生态环境为主要目标，重点开发和推广优质高产高效技术、加工保鲜储运技术和农业降耗增效技术，发挥科技对农村经济结构调整的作用。第二，加大扶持力度，做好现有先进适用农业科技的推广应用，在推广优良品种、普及新技术、提高质量上下功夫，以满足农村经济结构调整的需要。第三，严格执行《中华人民共和国农业技术推广法》，壮大农业科技推广队伍，并为其提供必要的工作条件，以增强其推广服务功能。建立农业科技成果推广普及的利益机制，把科技推广服务与实际利益结合起来。第四，加大对科学技术知识的宣传力度，尤其要利用各种办学条件来加大对农民群众的生产劳动技能的培训，努力提高农民的劳动素质。

### （五）加强基础设施建设

当前要着重做好以水利为重点的农业基础设施建设，以植树种草、水土保持为重点的生态环境建设，以公路、电网、供水、通信为重点的农村生产生活设施建设，以优质高产粮食生产基地、饲料作物生产基地为重点的农业综合开发项目建设。加强基础设施建设是稳定提高农业综合生产能力的根本途径，也是顺利推进农业和农村经济结构调整的基本保证。乡镇政府应高度重视，多争取基础设施建设项目，加大投入，加强建设。在提醒农村信用社加强防范金融风险的同时，引导其改善金融服务，增加对农业的投入，对农户的种养业和小额信贷扶贫项目适当放宽抵押、担保条件。要引导农民个人和集体增加农业投入，并鼓励社会资金投向农业，多渠道引进外资。

### （六）发展小城镇和乡镇企业

发展小城镇和乡镇企业，可以推动农村剩余劳动力向第二、三产业转移，促进农村经济布局和产业结构的调整。乡镇政府要认真制定政策，发挥扶持引导作用，要坚持因地制宜、循序渐进的方针，合理布局，科学规划。要研究制定鼓励农民进入小城镇的政策和社会各方面投资建设小城镇的政策。要切实搞好规划，制定有力措施，把农村市场建设、发展小城镇与乡镇企业结合起来。

## 三、提供信息服务，帮助农民走向市场

由于农民对变化的市场还感到茫然和无所适从，从而导致种植结构调整的盲目性强。大多数地方不是很重视信息服务，导致时而发生农产品滞销、积压甚至损坏的现象，进而导致农民利益直接受损。市场信息已成为产品销售好坏的一个最重要因素。在进行农业和农村经济结构调整时，乡镇政府必须坚持实事求是的原则，既要从当地资源优势出发，又要充分考虑市场需求，要花大力气搞好调查研究，在充分占有信息的基础上做好市场预测，为农民提供信息服务。主要向农民提供价格、生产、库存、气象等信息，提供中、长期市场预测，帮助农民按照市场需求安排好农业生产和经营管理。乡镇政府要把信息服务作为引导农业进

行农村经济结构调整的重要手段，发挥政府部门信息灵通的优势，建立起"农经网"等权威的信息网络，及时准确地向农民提供市场信息。同时，要注重组建本乡镇和村的专业营销队伍，保证产、供、销各个环节的畅通。目前，农业信息化建设投入不足，农业信息管理水平低，农业信息体系不健全。因此，乡镇政府要增加投入，加快农产品市场信息体系建设，规范信息管理，改进信息处理和传播手段，提高信息工作人员技术素质，完善信息发布制度，切实做好农民的信息服务工作。

## 四、搞好技术示范，发挥辐射带动作用

对农业和农村经济结构进行战略性调整，要解决的不只是当前农产品难卖、价格下跌的问题，而是要全面提高农业生产水平和农村经济效益，整体推进农业和农村的现代化。要适应这个要求，就必须大力推进农业科技进步，以科技进步为基础进行农村经济结构调整，提高对先进农业科技成果的吸纳能力，发展质量型农业。相关实践证明，农业技术推广机构和农业技术人员通过转包农民土地，创办农业科技示范基地，一方面搞试验、示范，另一方面向农民出售良种，提供技术服务，使科技对农村经济结构调整的作用得到很好发挥。乡镇政府要制定措施，狠抓落实，完善农业技术推广机制，提高服务水平。努力向上争取项目，争取使上级财政拨出专项经费作为启动资金，支持各地以现有乡镇农业服务中心为基础，有计划、有重点地创办一批农业科技示范场，使之成为农业新技术试验示范基地、优良种苗繁育基地、实用技术培训基地，在农村经济结构调整中发挥辐射带动作用。

# 参考文献

[1]吴军,姜晶.脱贫攻坚与壮大农村集体经济[M].北京:中国商务出版社,2020.

[2]杜浩波.新农村经济发展与分析[M].北京:现代出版社,2019.

[3]王天兰.新时代农村经济体制的再改革[M].北京:中央民族大学出版社,2019.

[4]唐小凤.实施乡村振兴战略背景下的中国农村经济发展研究[M].北京:中国原子能出版社,2019.

[5]莫家颖,黎东升.基于农户视角的农村经济实证研究[M].北京:中国农业出版社,2019.

[6]钱文荣.中国农村家庭经济活动[M].杭州:浙江大学出版社,2019.

[7]赵新龙.农村集体经济组织成员权的体系构建及其实现机制研究[M].北京:知识产权出版社,2019.

[8]毛必田,杨建伟,项有英.农村集体经济组织财务管理[M].北京:中国农业科学技术出版社,2019.

[9]黄光明,黄英金.新时代发展新型农村集体经济的江西探索[M].南昌:江西人民出版社,2019.

[10]周进,龚云.中国农村改革与发展研究[M].武汉:华中科技大学出版社,2019.

[11]李雪莲,李虹贤.现代农村经济管理概论[M].昆明:云南大学出版社,2020.

[12]解静.农业产业转型与农村经济结构升级路径研究[M].北京:北京工业大学出版社,2020.

[13]吴俊杰,高静,季峥.农村经济发展的金融支持研究[M].杭州:浙江大学出版社,2020.

[14]徐加明.农村集体经济发展研究[M].长春:吉林大学出版社,2020.

[15]孙永军,尹雪英.农村经济法制概论[M].北京:中国农业科学技术出版社,2020.

[16]肖雁.农村经济分析与政策研究[M].天津:天津科学技术出版社,2020.

[17]李春芝.现代服务业与农村经济[M].长春:吉林出版集团股份有限公司,2020.

[18]高向坤.农村经济发展的金融支持研究[M].长春:吉林大学出版社,2020.

[19]吴雪.多元化视角下农村经济发展策略研究[M].北京:现代出版社,2020.

[20]梅燕,蒋雨清.农村电商产业集群驱动区域经济发展[M].杭州:浙江大学出版社,2020.

[21]权哲男.中国农业改革与农村经济发展[M].延吉:延边大学出版社,2018.

[22]刘赛红,陈修谦,朱建.我国农村小型金融机构改革发展研究[M].徐州:中国矿业大学出版社,2018.

[23]李燃,常文韬,闫平.农村生态环境改善适用技术与工程实践[M].天津:天津大学出版社,2018.

[24]赵俊仙,胡阳,郭静安.农业经济发展与区域差异研究[M].长春:吉林出版集团股份有限公司,2018.

[25]吴晓蓉.新农村建设背景下乡村文化体系构建与管理研究[M].北京:中国商务出版社,2018.

[26]梁金浩."互联网＋"时代下农业经济发展的探索[M].北京:北京日报出版社,2018.

[27]金伟栋.农村一二三产业融合发展:政策创新与苏州实践[M].苏州:苏州大学出版社,2019.

[28]付翠莲.乡村振兴战略背景下的农村发展与治理[M].上海:上海交通大学出版社,2019.

[29]伍玉振.制度、技术与农家经济生活变迁[M].长春:吉林大学出版社,2019.

[30]韦夷.乡村生态化旅游与农村经济增长研究[M].长春:吉林出版集团股份有限公司,2018.

[31]李淑卿.农村经济组织会计指南[M].太原:山西科学技术出版社,2018.

[32]李志新,齐玉梅,胡星宇.电子商务营销与农村经济发展[M].北京:中国商务出版社,2018.

[33]汪红梅.社会资本与中国农村经济发展[M].北京:人民出版社,2018.

[34]周兴友.农村集体经济审计实务[M].北京:中国农业科学技术出版社,2018.

[35]丰凤.土地流转与农村集体经济发展关系研究[M].北京:中国社会科学出版社,2018.